AF174107

LABORATORIA
ESPACIOS DE INVESTIGACIÓN FEMINISTA

t.me/laboratoriaInvestigacion   La Laboratoria   lalaboratoria   lalaboratoria   lalaboratoria

LA LABORATORIA ASPIRA A SER UN PEDACITO DE TIERRA FÉRTIL PARA FESTEJAR Y DEFENDER LA VIDA DESDE LA PALABRA Y LA ACCIÓN.

UNA PARCELA/CHINAMPA/COMPOSTA DONDE PONER EN DIÁLOGO LO QUE HEMOS COSECHADO DESDE LOS TIEMPOS DE NUESTRAS ABUELAS, CON LAS SEMILLAS DE LAS MÁS CHAVALAS, LAS PIBAS QUE COPAN LA CALLE CON POESÍA, REGUETÓN, GRAFFITIS Y ACCIÓN. DONDE NARRAR LAS LUCHAS Y HACERLAS TATUAJE Y SUSTENTO COMÚN.

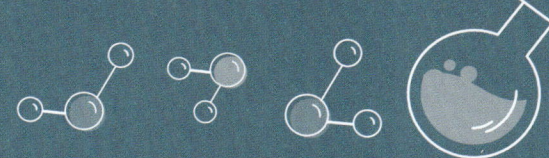

laboratoria.red

FfAI

LABORATORIA
ESPACIOS DE INVESTIGACIÓN FEMINISTA

traficantes
de sueños

Financiado por
la Unión Europea
NextGenerationEU

Plan de Recuperación,
Transformación y Resiliencia

GOBIERNO
DE ESPAÑA

MINISTERIO
DE CULTURA
Y DEPORTE

MUSEO NACIONAL
CENTRO DE ARTE
REINA SOFIA

ESA VIOLENCIA QUE NO ES UNA

MOVIMIENTO FEMINISTA, ESTADO PUNITIVO Y OTROS HORIZONTES DE JUSTICIA

VALENTINA HUELGA

LUCÍA CAVALLERO

TATIANE DA SILVA SANTOS / COLETIVO
TERRITÓRIO EM JUSTIÇA SOCIAL

MUJERES DE FRENTE / NODO QUITO
LA LABORATORIA

SUSANA DRAPER Y MOLLY PORZIG / CRITICAL
RESISTANCE - RESISTENCIA CRÍTICA

HELENA SILVESTRE

LA LABORATORIA INTERNACIONAL

ÍNDICE

A MODO DE PRÓLOGO

POR LA LABORATORIA

I

Una imagen tramada puede dar lugar a equívocos. Al mirarla desde lejos, percibimos grandes masas de color que componen formas homogéneas y unificadas. Pero, cuando acercamos nuestra mirada y enfocamos bien, descubrimos que lo que parecía una imagen continua en realidad está formada por una infinidad de puntos y una gran heterogeneidad de colores. Desde la cercanía, la dimensión múltiple de la trama se hace evidente.

La Laboratoria es un dispositivo transnacional de apoyo a la investigación activista feminista que apuesta por la investigación situada en los territorios, en la cercanía del cotidiano, en contacto con los problemas que nos atraviesan y desde la experiencia de las mujeres y disidencias sexuales y de género en lucha. Creemos que solo así, pensando desde los conflictos, paradojas y desafíos a ras de suelo, podemos acertar a ver la trama de imágenes de otro modo compactas y comprender que esa violencia que nos atraviesa no es una. Desde la proximidad y el compromiso que planteamos, se revela la dimensión sistémica y el complejo entramado de diferentes violencias (sociales, sexuales, económicas, judiciales, racistas) que combatimos. Estas violencias se articulan en una guerra permanente que sucede simultáneamente en muchos planos: implosionando en los hogares; disciplinando los cuerpos en las calles y a través de las instituciones (sociales y punitivas); regulando global y letalmente la movilidad de las personas entre países; operando como principio de autoridad en los barrios populares; saqueando tierras y recursos comunes; explotando energías vitales; colonizando futuros a través de la financiarización de la vida social.

Con esta convicción de que existe un conjunto heterogéneo de violencias imbricadas, nos embarcamos en la escritura de este libro coral que reúne seis propuestas desde las que pensar, situadamente, las violencias patriarcales y los horizontes de una justicia feminista. Quito, Buenos Aires, Porto Alegre, São Paulo, Nueva York-Oakland y Madrid son los lugares donde se emplazan las investigaciones. Partiendo de la politización global de los feminicidios y de la violencia sexual impulsada por la marea feminista reciente, se reflexiona sobre las diferentes manifestaciones de la violencia patriarcal (sexual, física, económica, penal, psicológica) y su anudamiento con otras formas de violencia, se despliega una crítica radical al Estado punitivo y a las dinámicas de criminalización creciente y se buscan nuevos horizontes de justicia, rastreando herramientas y estrategias que potencien nuestra capacidad de hacer y tejer juntas.

II

El punto de partida, pues, es la marea feminista global que tuvo su momento de máxima efervescencia entre los años 2016 y 2020. Del Ni Una Menos argentino y mexicano al Yo Sí Te Creo del Estado español o el Me Too estadounidense, se generó una dinámica global de politización de la violencia patriarcal que supo evidenciar su carácter sistémico («No es un caso aislado»), señalar a los responsables de su reproducción (como en la magistral *performance* «Un violador en tu camino»)[1] y visualizar su imbricación con las dinámicas de desposesión («La deuda es con nosotres», gritaban las pintadas feministas en los muros de Buenos Aires).

Así, en la primera aportación, «¿Cómo salir de la trampa?», Valentina Huelga, desde Madrid, sigue el hilo (los lemas, las convocatorias, el argumentario) de un feminismo callejero que, al mismo tiempo que construye las huelgas feministas de 2018 y 2019, politiza la violencia sexual, situando el sistema judicial como parte del problema y no como principal solución.

Lucía Cavallero, por su parte, narra desde Ni Una Menos (Argentina) cómo los feminismos construyen un léxico que permite visualizar la violencia económica como violencia patriarcal, conectando la desregulación del mercado de alquileres, por ejemplo, con el impago de las cuotas alimentarias por parte de los padres y la traducción concreta de ambas dinámicas en el desahucio de una madre sola con hijos; o las políticas de ajuste impuestas por el FMI con una reforma del sistema de pensiones que niega la aportación a la riqueza de las amas de casa o de las trabajadoras de la economía popular.

No se trata, entonces, de contraponer violencia y desposesión, sino de seguir el hilo de su imbricación concreta y entender, como nos recuerda Emanuela Borzachiello, que para violentar un cuerpo hay que desposeerlo de sí mismo,[2] lo cual es cierto también a

---

1 Creada por el colectivo Las Tesis, la *performance* «Un violador en tu camino» señalaba la inscripción del patriarcado en los diferentes poderes del Estado. Realizada por primera vez en Valparaíso el 20 de noviembre de 2019, se convirtió en un fenómeno global y fue traducida, representada y adaptada por grupos de feministas en los más diversos contextos. Nosotras Audiovisuales inmortalizó la segunda representación, en la que participaron más de dos mil mujeres, en Santiago de Chile el 25 de noviembre de 2019, en este vídeo: https://www.youtube.com/watch?v=aB7r6hdo3W4

2 «Para controlar socialmente y asesinar un cuerpo —escribe— hay que expropiarlo de sí mismo, humillarlo, sometiéndolo a un proceso constante de despojo y desposesión». Véase Emanuela Borzachiello (2024): *rExistimos. El feminicidio y la telaraña de poderes*, México: Bajo Tierra, p. 22.

la inversa: para desposeer un cuerpo, hay que violentarlo, partirlo por fuera y por dentro. Como nos dice Lucía Cavallero desde Buenos Aires, los feminismos han revitalizado el debate económico, redefiniendo, desde los así llamados «márgenes» del mundo del trabajo reconocido, lo que cuenta como trabajo y quiénes producen riqueza. Esto ha permitido abrir la pregunta sobre quiénes son las acreedoras de esa riqueza así redefinida.

III

Vivimos en un momento de desarrollo del Estado penal y punitivo. Por eso es tan importante traer a la memoria, en toda su rotunda vivacidad, los lemas y argumentos de la marea feminista global en su impugnación radical del sistema penal («el Estado represor es un macho violador», cantaba el grupo chileno Las Tesis en 2019 y miles de feministas de todo el mundo corearon al unísono). Los grupos feministas que luchan contra las cárceles saben además que se trata de un sistema que administra «justicia» de manera visiblemente desigual: aunque enarbole el argumento «hay que proteger a las mujeres y a los niños», en realidad abunda la desprotección, en particular en los sectores populares y, en general, lo que se ofrece es impunidad para algunos varones (blancos, propietarios), que pueden ejercer la violencia a sus anchas, mientras se castiga de forma desmedida a otros (empobrecidos y racializados), convirtiéndolos en epítome de la peligrosidad social. Así, la impunidad convive con un hiperdesarrollo punitivo, donde los varones de los sectores populares son usados a la vez para la reproducción de la violencia por abajo y para la legitimación por arriba del Estado policial y penal.

La vida de Tatiane da Silva es un claro ejemplo de estas dinámicas que combinan desprotección, criminalización e impunidad. De su mano, el Coletivo Território em Justiça Social reflexiona desde Porto Alegre sobre cómo las estrategias punitivas acaban reafirmando otras modalidades de violación de los cuerpos precarizados y determinan una jerarquía sobre aquello que puede ser llamado justicia. Desde ahí nos invitan a poner en cuestión la racionalidad punitiva y pensar la compleja relación entre justicia, castigo y violencia.

Por su parte, el grupo ecuatoriano Mujeres de Frente parte para su análisis de sus propias vivencias como mujeres de la economía popular, entre los trabajos informales y los microilegalismos. Tras más de una década combatiendo los efectos del desarrollo punitivo sobre ellas y sus familias, saben que la relación entre desposesión y criminalización no es nueva, como tampoco lo es el racismo que tiñe la cárcel y los barrios populares. En su aportación a este cuaderno, tratan de pensar la nueva ola de violencia que vive Ecuador, con dinámicas letales que aún es difícil descifrar. Una nueva lógica de militarización social que excede lo punitivo se está extendiendo en diferentes regiones de América Latina, conectando masculinidad y belicismo e instaurando la excepcionalidad de la «guerra contra las drogas» como norma. Aquí la pregunta «¿Cómo vamos a proteger a nuestras hijas?» va inextricablemente unida a otra: «¿Cómo vamos a sustraer a nuestros hijos de las dinámicas de reclutamiento, donde se los coloca como último eslabón de reproducción de una violencia por abajo que a su vez sustenta y legitima el racismo y la militarización?».

IV

No tenemos claro que se pueda hablar con rigor de un feminismo punitivo (¿quiénes serían las feministas punitivas?, ¿cuáles serían sus prácticas, su corpus teórico?), pero sí nos parece una tarea urgente desarrollar un feminismo antipunitivo (y antimilitarista) capaz de ir más allá de la mera crítica del Estado punitivo devenido Estado de guerra, que interrogue las condiciones de posibilidad de la violencia y desarrolle de manera concreta y situada otras pedagogías y otras herramientas de producción de justicia. Para ello es importante reconocer que, aunque muchas mujeres recelen de la ley y de la institución, en muchas situaciones, a falta de algo mejor, siguen recurriendo a ellas. Es crucial también no desoír la sabiduría feminista que nos recuerda que las tramas comunitarias no solo están fracturadas, sino en muchas ocasiones atravesadas de lógi-cas patriarcales y coloniales, y que cualquier estrategia de justicia que se apoye en ellas debe tener en cuenta las relaciones de poder material y simbólico que las articulan.

En esta tarea, Susana Draper y Molly Porzig, desde Critical Resistance (Nueva York), subrayan la importancia de sostener preguntas que nos permitan abordar los múltiples pliegues de los problemas, sin pretender saldarlos con «una» solución homogénea que englobe todo. Así, contra el corte individualizante de la filosofía del derecho clásica, proponen desplegar todo un hojaldre de intervenciones y acciones concretas desde donde tramar vínculos ahí donde el capitalismo neoliberal los destruye. Por su parte, Helena Silvestre, desde los territorios favelados de São Paulo, inicia una excavación, al mismo tiempo hacia atrás y hacia el futuro, para recuperar prácticas de regulación de los conflictos (de los pueblos originarios, de las ocupaciones de tierras urbanas para vivienda, de las favelas) donde la fuerza de lo común se amplifica y sofistica, en lugar de debilitarse delegando el poder en estructuras que no podemos controlar. El acervo se aleja del *buenismo* e incluye la posibilidad del contraataque o medidas sancionadoras como la expulsión, pero el acento no está puesto en el castigo, sino en el reequilibrio de las fuerzas y en el fortalecimiento y enriquecimiento de lo común como presente y como horizonte.

V

Una trama es también una intriga o confabulación. Es el deseo de reconocer y reconocernos, de conchabarnos para disputar un relato propio que engarce las distintas formas de violencia y las respuestas que somos capaces de practicar, ensayar o imaginar. Es la aspiración de tejer un entramado de redes de colaboración de las que emerja una producción teórica situada que circule transnacionalmente, como lo están haciendo las luchas feministas.

Así, este conjunto de textos aspira a aportar experiencias y narrativas que nos permitan mantener viva la llama de impugnación que la marea feminista global prendió, sostener su impulso de politización de las violencias patriarcales, racistas y de despojo y de crítica del Estado punitivo, al mismo tiempo que imaginamos y ensayamos un feminismo antipunitivo tan concreto como el golpe que nos parte y la ley que nos maniata; un feminismo capaz de autodefensa, para no dejarnos expropiar la energía y el tiempo; un feminismo que haga de la justicia una pregunta abierta, contenciosa y colectiva.

BLOQUE I
MOVIMIENTO

1. ¿CÓMO SALIR DE LA TRAMPA?

NARRATIVAS FEMINISTAS FRENTE AL CERCO MEDIÁTICO Y AL PUNITIVISMO

VALENTINA HUELGA (MADRID)[3]

> ¿Cómo esperar que el Estado resuelva el problema de la violencia sobre las mujeres cuando reitera constantemente su propia historia de colonialismo, de racismo y de guerra? ¿Cómo pedirle al Estado que intervenga cuando sus fuerzas armadas siempre han practicado la violación y la agresión contra las mujeres enemigas? De hecho, la violencia sexual e íntima contra las mujeres ha sido una táctica militar central de la guerra y de la dominación.
>
> Angela Davis[4]

EN DÓNDE ESTAMOS

Las feministas en el Estado español llevamos algunos años inmersas en una especie de huracán que parece no tocar tierra nunca; para ser más exactas, desde el llamado caso de La Manada, una violación múltiple cuyo proceso judicial y mediatización lanzaron a los feminismos a las calles.[5] La lucha feminista en el Estado español tiene una genealo-

---

3   Este texto ha sido construido con la aportación de varias compañeras activistas feministas. Partiendo de la intervención bajo el mismo título durante la mesa «Debates en torno al (anti)punitivismo desde las luchas feministas situadas» (*Seminario público: Investigación militante en contextos de violencia*, La Laboratoria, MNCARS, Madrid, 5-6 de julio de 2023), el texto ha sido posteriormente revisado y enriquecido a varias manos. Tras debatir diferentes posibilidades, hemos optado por firmar bajo el pseudónimo de Valentina Huelga, porque, sin ser este el texto de un grupo organizado, es ese valiente impulso de la huelga feminista, multitudinario y colectivo, lo que mejor representa a quienes aquí escribimos, más allá de ningún nombre propio.

4   «How then can one expect the state to solve the problem of violence against women, when it constantly recapitulates its own history of colonialism, racism, and war? How can we ask the state to intervene when, in fact, its armed forces have always practiced rape and battery against enemy women? In fact, sexual and intimate violence against women has been a central military tactic of war and domination» (Angela Davis: «The Colour of Violence Against Women», discurso inaugural en la conferencia *The Color of Violence* en Santa Cruz, publicado en *Colorlines*, vol. 3, núm. 3, otoño de 2000, disponible en http://www.hartford-hwp.com/archives/45a/582.html

5   Puede leerse una cronología de la violación múltiple de La Manada, así como del proceso judicial y de las movilizaciones posteriores, en «Cronología del caso "la manada": de la denuncia a la condena del Tribunal Supremo por agresión sexual», en *El Diario.es*, 20 de junio de 2019, disponible en https://www.eldiario.es/sociedad/cronologia-denuncia-violacion-sentencia-provisional_1_1856781.html

gía que se remonta lejos y que, concretamente desde el final de la dictadura y el periodo de la llamada transición, ha pasado por momentos más o menos intensos. Pero son estos últimos años los que nos ha tocado vivir y, por lo tanto, sobre los que queremos hacer un análisis que nos permita plantearnos ciertas preguntas para encontrar, como indica el título de este capítulo, una salida a la trampa del punitivismo.[6]

Al igual que con el fenómeno meteorológico, nosotras estamos en el centro, en el ojo del huracán, un espacio de aparente calma, pero rodeadas de nubes densas en donde se localizan los vientos más fuertes. Esas nubes densas son el incesante ruido mediático del que pareciera que no podemos escapar, una especie de cerco que, por un lado, alimenta la derecha mediática y, por el otro, es empujado por un feminismo que coquetea con posturas punitivas y que curiosamente es también transexcluyente.

De cara a este callejón que por momentos parece no tener salida, hemos querido desandar nuestros pasos, mirar atrás y preguntarnos en qué estaban los feminismos cuando se produjo la violación múltiple de La Manada (Pamplona, julio de 2016) y cuál era en ese momento el contexto del feminismo global. ¿Cuáles son las narrativas feministas autónomas que surgieron a partir de este caso? ¿Cuál es el relato combativo que catalizaron las movilizaciones feministas de los años 2016-2020? ¿Cuáles son los efectos del contexto represivo y criminalizador que se abrió a partir de la primavera de 2020? En definitiva, ¿cómo hemos llegado hasta aquí? y, sobre todo, ¿cómo desarmar la impunidad en materia de violencias machistas, al tiempo que nos posicionamos contra el punitivismo? Creemos que solo saldremos de la encrucijada con pensamiento colectivo y diálogo entre compañeras, también desde una mirada global. Así es como este texto se inserta y dialoga con el resto de textos de las compañeras de otros nodos de La Laboratoria recogidos en este cuaderno.

* * *

Marcaremos una línea temporal que nos permita seguir el rastro del relato y cuáles fueron las narrativas feministas que surgieron en respuesta a la justicia patriarcal, evidenciada desde la fase de instrucción del juicio de La Manada. También nos preguntaremos cómo es que, a lo largo de casi seis años, el equilibrio de poderes ha cambiado una y otra vez para posicionarse hoy día (a primera vista) desde un marco punitivista que

---

6   Entendemos el punitivismo como la inclinación a colocar la coerción y el castigo en el centro de la administración de justicia. Ante problemas sociales de muy diverso tipo y alcance, la racionalidad punitiva recorta las conductas sociales de su contexto, las individualiza en una sola persona infractora, a la que juzga y aplica un castigo. Así, el punitivismo realza y amplía el papel del derecho penal, considerándolo la respuesta más idónea ante situaciones complejas, promoviendo la delegación de la administración de justicia a una institución extremadamente jerárquica, misógina, clasista y racista, ajena a las circunstancias en que los hechos tuvieron lugar. Tiende a ampliar los tipos delictivos, incrementar las penas y hace crecer el número de personas en las cárceles. Convierte a determinados individuos en chivos expiatorios de los males sociales, algo particularmente funcional para calmar la ansiedad y desviar la atención de la incertidumbre económica, social, política y ecológica que nos ha tocado vivir. En el caso de la violencia sexual, desoye las necesidades de las víctimas y su prioridad nunca son los derechos de las mujeres.

está en consonancia con el cerco mediático de la derecha. Nos hacemos estas preguntas para tratar de encontrar las narrativas que, a día de hoy, pueden relanzar la capacidad de propuesta e iniciativa desde los feminismos autónomos.

Queremos dejar claro que intentaremos responder estas cuestiones desde el centro del huracán, es decir, desde la experiencia vivida como activistas feministas próximas a la Comisión 8M del movimiento feminista de Madrid. Creemos que, como decía Gloria Anzaldúa, somos de donde pensamos e, inversamente, pensamos de dónde somos. Por ello, para construir este texto, hemos recurrido al diálogo entre compañeras, a la puesta en común de memorias y reflexiones y a los múltiples materiales publicados directamente por la Comisión 8M, que son un auténtico pulsómetro del movimiento latido a latido, convocatoria a convocatoria.

Intentaremos recorrer las narrativas circulantes desde aquel otoño de 2017, cuando se producen las primeras movilizaciones feministas al grito de «Yo sí te creo» y «No estás sola» mientras se desarrolla el juicio en la Audiencia Provincial de Navarra, hasta el momento en que se publica la Ley Orgánica de Garantía Integral de la Libertad Sexual 10/2022, conocida como ley del solo sí es sí. Encontraremos dos voces constantes que se entrecruzan y que se enfrentan la mayor parte del tiempo: la del movimiento feminista autónomo y la de los medios de comunicación. La disputa por el relato tiene muchos momentos, algunos en los que el movimiento feminista tiene una fuerza retórica imparable y otros, como veremos, en que los medios logran arrinconar al movimiento.

* * *

Para nosotras la lógica está clara, aunque puede ser complicado seguirla. En los años 2014-2017 hay un movimiento feminista fuerte, organizado y global, con gran capacidad de movilización en las calles y en las redes. En nuestro territorio, venimos de un avance del feminismo en las calles, con grandes manifestaciones por el derecho al aborto, contra los recortes en los servicios públicos y en solidaridad con la situación de las mujeres en Nicaragua y El Salvador, que se saldan con la dimisión del entonces ministro Alberto Ruiz-Gallardón (septiembre de 2014). Ha habido también movilizaciones contra las violencias machistas y, desde la Comisión 8M, ya se está trabajando intensamente en la preparación de lo que será el paro internacional de 2018 y la consiguiente gran manifestación del 8 de marzo de ese mismo año.

Es en este contexto en el que salta a los medios de comunicación el caso de La Manada: el 7 de julio del 2016, en las fiestas patronales (Sanfermines) de la ciudad navarra de Iruñea (Pamplona), se comete la violación grupal. Cinco tipos, alguno de ellos pertenecientes a las fuerzas de seguridad del Estado, que comparten un chat llamado «La Manada» (de ahí el nombre con el que se bautiza el caso), violan en un portal a una joven de dieciocho años. Lo graban y posteriormente le roban el teléfono móvil a la agredida para evitar la denuncia.

Los medios de comunicación intentan construir un relato desde la lógica del terror sexual, pero no logran que cale en la opinión pública: el movimiento feminista lo frena poniendo el cuerpo en las calles, hablando de violación y de justicia patriarcal, y haciendo frente a la reacción patriarcal que intenta activarse. Con el proceso aún abierto, cambia el marco institucional: en 2018, una moción de censura contra el entonces presidente, Mariano Rajoy, acaba con el Gobierno del Partido Popular y, tras un paréntesis de incertidumbre, a principios de 2020 se forma un Gobierno de coalición entre el Partido Socialista y Unidas Podemos, lo que hace que se active desde la derecha una ofensiva patriarcal que logra vehicularse también a través de diferentes planos institucionales. La pandemia por covid-19 se aprovecha para criminalizar el feminismo, al que se acusa de que contribuyó a diseminar el virus al convocar la masiva manifestación del 8 de marzo de 2020. Esto, combinado con el vaciamiento de las calles a causa del confinamiento, hace que la opinión pública comience a decantarse por el relato de la derecha mediática. En este proceso de criminalización y de arrinconamiento, tienen un peso muy importante la confrontación y posterior ruptura en el seno del movimiento feminista vertebrada en un principio en torno al debate sobre la prostitución y el reconocimiento de los derechos de las trabajadoras sexuales, pero recrudecida desde el momento en que un grupo de mujeres con mucho poder cercanas al PSOE empieza a exigir con beligerancia la exclusión de las mujeres trans del feminismo.

Este es el hilo de acontecimientos que trataremos de desgranar a continuación para convocar la potencia feminista y buscar salidas al presente atolladero.

2017-2020: LA POTENCIA FEMINISTA

Cuando en otoño del 2017, ante la primera vista oral del juicio de La Manada, las feministas nos encontramos en las calles de todo el Estado español manifestándonos al grito de «Hermana, ¡aquí está tu manada!», sabemos que no estamos solas: los feminismos llevan ya un tiempo, en el ámbito internacional, marcando el paso a los movimientos sociales. Han roto silencios. Han nombrado violencias. Han hecho circular consignas globalmente. Venimos de las grandes movilizaciones argentinas y latinoamericanas bajo el lema «Ni una menos», de los paros nacionales en octubre de 2016 en repudio al feminicidio de Lucía Pérez, de la lucha por la despenalización de la interrupción voluntaria del embarazo desde Polonia hasta Argentina.

En el Estado español, estamos inmersas en la preparación de la huelga feminista convocada para marzo de 2018, donde la denuncia de las violencias tiene un lugar importante. Están también el #MeToo estadounidense (*hashtag* de 2017) y el más local #Cuéntalo, iniciado por la periodista Cristina Fallarás (*hashtag* de 2018); ambos forman parte de una ola internacional que viene del Sur global y entronca con las movilizaciones de acá, sacando a la luz y nombrando todas las violencias que nos atraviesan a las mujeres desde el momento que nuestros cuerpos son leídos como tales.[7] Estas campañas representan una ruptura de los silencios individuales para iluminar una violencia estructural y trazar una respuesta colectiva.

En el frente patriarcal, por otra parte, la reacción ya viene caldeándose con discursos tránsfobos, racistas y antifeministas, como los de la asociación de ultraderecha Hazte Oír, que alertan de «una guerra de sexos» y se erigen contra el «adoctrinamiento» y contra la «ideología de género»,[8] trazando una estela argumental a la que más tarde se sumarán actores (y actrices) insospechados.

Estas son las aguas revueltas en las que transcurre todo el proceso que va desde julio de 2016, momento en que se produce la violación de La Manada, hasta junio de 2019, fecha en que se conoce el fallo del Tribunal Supremo.

Situado el contexto, hagamos una zambullida más detallada en el desarrollo de los acontecimientos y, sobre todo, en la batalla narrativa que se jugó en torno a la violencia sexual y a los sentidos de la justicia.

***

La noticia de la violación múltiple salta desde el día uno a la opinión pública. Los medios de comunicación generalistas reaccionan en un primer momento cuestionando la gravedad de la acusación: ¿Es una violación?, ¿es una «fantasía porno»?, ¿es euforia y jolgorio? (como recogerá el voto particular de un miembro del Tribunal). No pierden ocasión de subrayar que la agredida no encaja con la imagen de la víctima perfecta: «No se ha resistido», «Sigue con su vida», etcétera. Se inicia así un auténtico circo mediático, devastador para la víctima y para todas, en el que el abogado y los familiares de los integrantes de La Manada desfilan por programas televisivos que acaban poniendo el foco en la agredida, culpabilizándola y tratando de sembrar la duda sobre lo sucedido.

No obstante, al movimiento feminista iruñense nada de esto le pilla desprevenido: lleva muchos años movilizado contra las violencias, alertando de la violencia sexual y sexista en Sanfermines, defendiendo unas fiestas libres de agresiones sexistas, consiguiendo

---

7　«Decimos BASTA a todas las violencias que sufrimos en todos los ámbitos y espacios de nuestras vidas —afirma ya en 2018 la Comisión 8M del movimiento feminista de Madrid—: en el hogar, el trabajo, los espacios públicos, la pareja, la familia, el entorno laboral, la sociedad y las instituciones del Estado». El documento se publica un año más tarde con el título *¿Qué quiere el movimiento feminista?* (Madrid: Traficantes de Sueños, 2019, p. 17).

8　En el invierno de 2017, este grupo ultracatólico hizo circular un autobús naranja por varias ciudades del Estado español donde se podía leer: «Los niños tienen pene. Las niñas tienen vulva. Que no te engañen», negando así la realidad de las personas trans e intersex. *El Diario* recoge así el paso de este autobús por la ciudad de Madrid: «Un autobús de Hazte Oír recorre Madrid con el mensaje tránsfobo "los niños tienen pene y las niñas tienen vulva"», en *El Diario*, 27 de febrero de 2017, https://www.eldiario.es/sociedad/autobus-hazte-oir-mensaje-enganen_1_3554182.html. La acción había estado precedida en los meses anteriores por el envío masivo de folletos a centros educativos contra la introducción de la educación sobre diversidad sexual en las aulas. Así lo recoge *El Diario* el 25 de noviembre de 2016: «El grupo ultracatólico Hazte Oír envía folletos homófobos a 16.500 centros educativos», https://www.eldiario.es/sociedad/ultracatolico-hazte-oir-homofobos-homosexualidad_1_3716060.html

puntos de información en toda la ciudad y un protocolo de actuación del Ayuntamiento. En los meses inmediatamente posteriores a la agresión, vincula lo que ha pasado en aquel portal con otros casos, entre otros el de Nagore Laffage, agredida y asesinada, con veinte años, en los Sanfermines de 2008. Pone energías en visibilizar los elementos estructurales, señalando no solo una cultura sexista para la cual una mujer en la vía pública es de todos, sino apuntando también a la justicia patriarcal, que niega y relativiza las violencias.

La principal lucha de esta fase es que «nos crean», que a la vista está que nos están violando y matando y, aun así, se pone en tela de juicio la veracidad de las denuncias. De ahí la consigna que se hace enseguida popular, pero que a su vez viene de décadas de lucha en contra de la violencia sexual en el feminismo autónomo del Estado español: «Yo sí te creo».

* * *

Los días previos al juicio (13 de noviembre de 2017), tras unos meses de silencio mediático, vuelve la expectación. Dos hechos monopolizan el relato en los medios: por un lado, la judicatura acepta el informe realizado por un detective privado, contratado por la defensa de La Manada, para husmear en la vida privada de la víctima de la violación múltiple; en cambio, no se admiten a trámite los mensajes del grupo de *whatsapp* de los acusados donde reconocen su gusto por las violaciones grupales ni aquellos en los que se refieren a otra agresión sexual cometida en las fiestas de Torrecampo (Córdoba), a pesar de que dan cuenta de un claro patrón de comportamiento por parte de los acusados y de su sentimiento de impunidad, acostumbrados como están a no tener que responder por sus actos. Mientras, la derecha mediática comienza a perfilar el discurso de la revictimización y culpabilización de la víctima («esto es lo que pasa si bebes y vas sola en fiestas»). La indignación inunda las calles, las redes sociales, las conversaciones presenciales y virtuales, las asambleas feministas en barrios, pueblos y ciudades.

El juicio en la Audiencia Provincial de Navarra da comienzo en esta atmósfera de indignación, con un movimiento feminista autónomo fuerte, vertebrado a nivel estatal en torno a la organización de la huelga feminista convocada para unos meses más tarde. Hay músculo y las demostraciones de fuerza se dan tanto en la calle, con manifestaciones masivas, como en el relato. No solo se señala el sesgo patriarcal de las decisiones judiciales, sino la alarma social generada por los medios de comunicación *(terror sexual)*, el juicio a la víctima y el lenguaje sensacionalista que se utiliza en la mayoría de tertulias radiofónicas y de televisión.

Las redes sociales sirven para disputar la cobertura que están haciendo los medios. La crítica a su relato es muy alta, apuntando y reprobando los titulares de las principales cabeceras. La opinión pública, expresada a través de Twitter o Instagram, sitúa la violencia sexual y la justicia patriarcal entre las principales preocupaciones y a la prensa como parte del problema. No obstante, es en la calle, lugar más proclive para la rabia, donde se oyen los cánticos más firmes de apoyo a la mujer y más duros contra la judicatura, contra los acusados y, más en general, contra la violencia machista y sus responsables: «Justicia de mierda, la estáis juzgando a ella», «Machista pardillo, tú boca en un bordillo», «El miedo va a cambiar de bando», «Sola y borracha, quiero llegar a casa», «Tranquila, hermana, aquí está tu manada», «Yo sí te creo».

En medio de este fragor, se conoce el desenlace de un feminicidio que dialoga constantemente con el caso de La Manada: el 31 de diciembre del 2017 aparece el cuerpo sin vida de Diana Quer, a la que más de un año antes José Enrique Abuín había secuestrado y tratado de agredir sexualmente para finalmente asesinarla. Se cumplen también veinticinco años del caso de violencia sexual más significativo y disciplinador del Estado español: el secuestro, violación y asesinato de tres adolescentes de catorce y quince años conocido como crimen de Alcàsser. Los medios de comunicación se entregan al sensacionalismo, avivando el terror sexual a la vez que se hacen eco del discurso punitivista del padre de Diana Quer, estridente defensor de la prisión permanente revisable. Frente a ello, el foco del movimiento feminista se mantiene en la crítica al sistema judicial y mediático, al mismo tiempo que se crean lenguajes y mecanismos propios para combatir las violencias machistas y las agresiones: se refuerzan y abren nuevos puntos violeta en fiestas de barrios y pueblos, se anima a contar en redes las agresiones de las que todas las mujeres somos sobrevivientes, se promueve la autodefensa feminista, se insiste en la educación sexoafectiva, se lanza el *hashtag* #AlertaFeminista.

* * *

El 26 de abril del 2018, la Audiencia Provincial de Navarra hace pública su sentencia: no ha encontrado «indicios de violencia o intimidación» en la violación perpetrada por cinco hombres adultos contra una joven de dieciocho años acorralada en un portal, por lo que, aplicando la normativa, su condena no es por agresión sexual, sino solo por abuso. Miles de feministas inundan las redes y las calles de indignación y rabia. El movimiento rebosa vigor: acaba de hacer historia, con una huelga general feminista de cuidados, laboral, de consumo y estudiantil, la primera de estas características en el Estado español, secundada por casi seis millones de trabajadoras y coronada por las mayores manifestaciones feministas que se recuerdan. Las sinergias y continuidades entre la fuerza arrolladora de esta huelga y las movilizaciones masivas del mes de abril en repulsa de la sentencia de La Manada son innegables y múltiples. En unas y otras movilizaciones, los cuidados, los temas relativos a la reproducción social y a las condiciones laborales se entrecruzan con los de la violencia sexual contra las mujeres. Una de las consignas más coreadas en abril es «No es no, lo demás es violación», germen del posterior «Solo sí es sí». Es gracias al feminismo organizado, pues, que se pone en el centro el consentimiento.

Hay, por supuesto, paradojas y claroscuros: la respuesta a la violencia sexual no es igual de contundente en todos los casos. Pocos días después de que se conozca la sentencia para La Manada de la Audiencia Provincial navarra, dos periodistas alemanas publican un informe que refiere violaciones y agresiones sexuales en los campos freseros de

Huelva, lo que genera un gran escándalo en Alemania.[9] En medio de una atmósfera de tensión entre exportadores agrícolas españoles y grandes distribuidoras alimentarias alemanas, salta a los medios de comunicación un nuevo caso: varias jornaleras, migrantes marroquíes contratadas en origen, denuncian ante la guardia civil al responsable de una explotación fresera en Almonte por agresión sexual y abusos laborales.[10] Desde Huelva, diferentes asociaciones llaman a la reacción ante la imbricación de violencia patriarcal, explotación laboral y racismo en los cuerpos de unas mujeres que viven una situación de precariedad y desposesión extremas, reforzada por la ley de extranjería. El 17 de junio de 2018, una nutrida manifestación convocada por organizaciones sindicales, sociales y feministas recorre las calles de Huelva, con una pancarta donde puede leerse: «Sin esclavitud laboral ni sexual. Trabajo sí, pero con derechos».[11] Sin embargo, en otras ciudades el llamado encuentra una más que tibia respuesta por parte de un feminismo muy movilizado por el caso de La Manada. El feminismo antirracista lanzará una fuerte interpelación al conjunto del movimiento preguntándose por las fronteras de la sororidad. Es en este contexto en el que nace la Asociación Jornaleras de Huelva en Lucha.[12]

* * *

A pesar de las fallas, que generarán dolorosos debates, pero también la conciencia de que es vital y urgente fortalecer el antirracismo en el seno del movimiento feminista, esta intensa politización de las violencias sexuales logra imprimir un giro en la actitud y en el discurso de los medios de comunicación mayoritarios. Al vigor de muchas de las movilizaciones se suma el papel activo y posicionado de mujeres periodistas y la labor incansable de cientos de activistas de base, que logran que las grandes cabeceras recojan voces explícitamente feministas. Desde la Comisión 8M de Madrid y sus diferentes grupos de trabajo (grupo de prensa, grupo de extensión, grupos de barrios y pueblos) se hace un trabajo extraordinario para que el argumentario feminista llegue a todas las redacciones y a todas las casas.[13]

---

9   Véase Pascale Müller y Stefania Prandi: «Rape in the Fields», en *Correctiv.Org*, 30 de abril de 2018, https://correctiv.org/en/top-stories/2018/04/30/rape-in-the-fields/

10   «Nueve temporeras marroquíes denuncian abusos laborales y sexuales en una finca de Almonte», en *El Diario*, 4 de junio de 2018, https://www.eldiario.es/andalucia/huelva/temporeras-marroquies-denuncian-laborales-almonte_1_1157043.html

11   «Trabajadoras de la fresa. Una manifestación en Huelva denunciará "la situación de impunidad" de las temporeras este domingo», en *Público*, 15 de junio de 2018, https://www.publico.es/sociedad/trabajadoras-fresa-manifestacion-huelva-denunciara-situacion-impunidad-temporeras-domingo.html. Más información sobre este proceso en Pastora Filigrana (2021): *Del campo a los cuidados. El sindicalismo feminista y antirracista que viene*, La Laboratoria, pp. 17-21, https://laboratoria.red/publicacion/del-campo-a-los-cuidados/

12   Ana Pinto y Nazaret Castro (2023): *Abramos las cancelas. La lucha de las jornaleras de Huelva por otro modelo de agricultura*, La Laboratoria, https://laboratoria.red/publicacion/abramos-las-cancelas-la-lucha-de-las-jornaleras-de-huelva-por-otro-modelo-de-agricultura/. Específicamente sobre agresiones sexuales: pp. 98-99.

13   Este argumentario puede rastrearse en los comunicados emitidos en este periodo por los espacios organizados del movimiento en las diferentes ciudades, así como en la fantástica síntesis elaborada por la Comisión 8M de Madrid con motivo de la huelga feminista y publicada en 2019 como libro. Véase Comisión Feminista 8M de Madrid (2019): *¿Qué quiere el feminismo? Reivindicaciones y razones*, Madrid: Traficantes de Sueños, https://traficantes.net/sites/default/files/pdfs/LEM9_8M_web.pdf

Concretamente sobre el caso de La Manada, los principales ejes argumentales son tres: 1) la impugnación de una justicia patriarcal, que ni cree ni protege a las mujeres y legitima la violencia machista; 2) el foco en el carácter estructural de los hechos: se entiende que lo que hay de fondo en la violencia sexual y en el modo en que se aborda social y judicialmente es un ataque a la libertad de las mujeres; y 3) la prioridad otorgada a la acción preventiva (educación sexual transversal) y a la protección. Es importante subrayar que desde el movimiento feminista autónomo en ningún momento se está hablando de penas ni de prisión; por el contrario, allí donde el padre de Diana Quer pide la pena de prisión permanente revisable, el feminismo que construye las huelgas feministas apuesta por un cambio radical tanto de la sociedad como del sistema instituido. En el plano estrictamente jurídico, se plantea la necesidad de una transformación del sistema judicial, se hace hincapié en garantizar que se cubran las necesidades de las mujeres que denuncian y en poner todos los medios para que todas tengan acceso a los recursos necesarios, para que haya procesos justos que no revictimicen y para que las medidas de protección sean efectivas, en este y en todos los casos.

* * *

Entretanto, la causa sigue su curso. El 5 de diciembre de 2018, recurso mediante, el Tribunal Superior de Justicia de Navarra confirma la pena de nueve años por abuso sexual. El movimiento feminista sale una vez más a las calles para acusar a la justicia de machista. No se protesta por los nueve años de la sentencia, sino por la forma en que se tipifica el delito: los jueces estiman que, para que un hecho así sea considerado violación, la agredida debe demostrar que opuso resistencia. En las manifestaciones, pues, no se piden más años de cárcel para los agresores, sino que se cuestiona la responsabilización de la víctima. El foco está en la necesidad de eliminar la «evidencia de violencia o intimidación» para que se juzgue como agresión sexual cualquier acto sexual que se haga sin el consentimiento explícito de la otra persona. En esta argumentación está el germen de lo que llegará a ser la Ley Orgánica de Garantía Integral de la Libertad Sexual, que entrará en vigor en octubre de 2022. En el camino, el feminismo organizado vivirá una fuerte criminalización orquestada por la derecha mediática. Pero no vayamos tan rápido.

El 21 de junio de 2019, el Tribunal Supremo finalmente rectifica el dictamen del alto tribunal navarro y declara que sí existió agresión sexual, que no hubo consentimiento, y condena a los acusados por un delito continuado de violación con trato vejatorio; un triunfo para la mujer, que vio el final de un doloroso recorrido «que nunca pensó que tendría que pasar», la posibilidad de poner punto y aparte y continuar con su vida. No obstante, publicada la sentencia, los medios de comunicación retoman el tono sensacionalista para cubrir una serie de agresiones sexuales con sumisión química sucedidas en el verano. La pandemia de covid-19, la creación del Ministerio de Igualdad y el mandato de Irene Montero están al llegar. La suerte está echada.

2020-2023: LA LEY Y LAS PENAS

La masividad del feminismo, de aquí y de allá, acompañada de la presión de la opinión pública, convirtieron la cuestión de la violencia sexual en un asunto ineludible. Tan atronadoras habían sido las manifestaciones desde otoño de 2017 que ningún partido político había podido mirar para otro lado.

Ya en la primavera de 2018, el entonces ministro y portavoz del Gobierno del Partido Popular, Íñigo Méndez de Vigo, había tenido que pronunciarse tras la polémica sentencia de la Audiencia Provincial navarra. En rueda de prensa, había anunciado que el órgano superior de asesoramiento del Ministerio de Justicia estudiaría la posibilidad de revisar la tipificación de los delitos sexuales en el Código Penal.

En junio de 2018, durante la primera legislatura de Pedro Sánchez, se habían registrado tres proposiciones sobre violencias sexuales: dos proposiciones no de ley del grupo parlamentario Ciudadanos y una proposición de ley del grupo parlamentario confederal de Unidas Podemos-En Comú Podem-En Marea. Esta última sería el antecedente de la Ley Orgánica 10/2022, del 6 de septiembre, de Garantía Integral de la Libertad Sexual. Recogía ya algunas de las principales demandas del movimiento feminista, señalando las violencias sexuales como una manifestación de las violencias machistas y mencionando la importancia de un consentimiento «libre, revocable y para unas prácticas concretas».[14] Tal es el marco y el nivel de prioridad de la violencia sexual cuando llegamos al Gobierno de coalición del Partido Socialista y Podemos, que, en enero de 2020, vuelve a investir presidente a Pedro Sánchez y otorga la cartera de Igualdad a Irene Montero.

El 3 de marzo de 2020, cinco días antes del Día Internacional de la Mujer Trabajadora, en el que hay convocadas manifestaciones feministas en todas las ciudades de nuestro territorio, se aprueba en el Consejo de Ministros el anteproyecto de la Ley Orgánica de Garantía Integral de la Libertad Sexual, que se basa en la proposición registrada por Unidas Podemos, En Comú Podem y En Marea en 2018 e incorpora la reforma del Código Penal.[15] Es muy posible que la vida de este anteproyecto de ley hubiera sido muy distinta si un acontecimiento global no hubiera puesto patas arriba todo el tablero, alterando irremediablemente la correlación de fuerzas entre el movimiento feminista y los poderes reaccionarios.

* * *

Vayamos por partes. Los medios de comunicación de todo el planeta llevan desde principios de 2020 hablando de una enfermedad hasta ese momento desconocida originada por un coronavirus, el covid-19. Las noticias llegan al principio por goteo, pero poco a

---

14   Boletín Oficial de las Cortes Generales: Proposición de Ley de Protección Integral de la Libertad Sexual y para la Erradicación de las Violencias Sexuales, 20 de julio de 2018, https://www.congreso.es/public_oficiales/L12/CONG/BOCG/B/BOCG-12-B-297-1.PDF

15   «Aprobada la tramitación de la Ley Orgánica de Garantía de la Libertad Sexual», La Moncloa, 3 de marzo de 2020, https://www.lamoncloa.gob.es/consejodeministros/Paginas/enlaces/030320-enlace-mujeres.aspx

poco lo inundan todo y se empieza a vislumbrar la dimensión del asunto. El 8 de marzo de 2020, millares de mujeres y disidencias acuden felices a las convocatorias feministas que hay por doquier. En ese momento la enfermedad se reduce a un asunto menor, el mensaje es de calma y, en el Estado español, no existe ningún tipo de restricción ni recomendación. Las manifestaciones feministas no son la única convocatoria pública de aquellos días: como cualquier año en las mismas fechas, hay autorizados multitud de actos públicos y celebraciones de todo tipo.[16]

Sin embargo, con la propagación acelerada del covid-19 en el Estado español durante la segunda semana de marzo, la prensa, auspiciada por la ultraderecha y demás fuerzas reaccionarias, ve en el movimiento feminista el blanco perfecto para la expiación de todos los males. Si en otras ocasiones minimizan la asistencia a las movilizaciones del 8 de marzo, en este caso subrayan su masividad para responsabilizar a los feminismos en general y a las convocantes en particular de las muertes por covid-19.[17]

El ataque no solo procede de fuera. Ese mismo 8 de marzo de 2020, la grieta que ha venido abriéndose en un feminismo en apariencia cohesionado termina por partirlo del todo. El bloque abolicionista de la prostitución irrumpe agresivamente en la cabecera de la manifestación de Madrid, provocando un encontronazo violento que supone un quiebre irreversible. Apenas hay ocasión para elaborar de forma colectiva la conmoción que produce este enfrentamiento: el confinamiento por covid-19 vacía durante meses las calles y las asambleas. También amparándose en el «riesgo de contagio de covid-19», la Delegación de Gobierno de Madrid prohíbe las 102 convocatorias previstas en la Comunidad de Madrid con motivo del 8 de marzo de 2021. Ello no impide que se tomen las calles de manera descentralizada por barrios, pero sí tensa el ambiente.[18] En esta atmósfera enrarecida, los medios de comunicación mayoritarios aprovechan para meter baza. Presentan una caricatura de los debates que se están dando en el movimiento: de un lado, un feminismo «ilustrado», «sensato», que pondría a La Mujer (con mayúsculas y universal) en el centro; del otro, un feminismo «manipulado por el *lobby queer*» y la mal llamada *ideología de género*.

***

---

16 Por ejemplo, el del partido de ultraderecha Vox en la plaza de toros de Vistalegre (Madrid). Como se supo después, el secretario general del partido ultraderechista, Javier Ortega Smith, acudió al evento enfermo de covid.

17 Christian González (2020): «¿El 8-M, el culpable de todos los males? Viajemos al pasado para analizar la demagogia de la derecha con el coronavirus», en *Público*, 27 de marzo, https://www.publico.es/tremending/2020/03/27/covid-19-el-8-m-el-culpable-de-todos-los-males-viajemos-al-pasado-para-analizar-la-demagogia-de-la-derecha-con-el-coronavirus/

18 La Comisión Legal 8M de Madrid interpuso recursos de amparo al Tribunal Constitucional por la prohibición por parte de la Delegación de Gobierno de Madrid de las convocatorias previstas con motivo del 8 de marzo de 2021. No era el primer tribunal al que se acudía, pero sí el primero que les dio la razón, reconociendo la vulneración del derecho fundamental de reunión y manifestación. Véase la nota de prensa emitida por la Comisión Legal 8M en marzo de 2024 en https://hacialahuelgafeminista.org/wp-content/uploads/2024/03/NOTA-DE-PRENSA-8M-RECURSO-TC.pdf

La conocida como ley del solo sí es sí, redactada por el equipo de Montero, entra en vigor el 7 de octubre de 2022, unos meses antes de que la Organización Mundial de la Salud decrete el fin de la emergencia sanitaria y de la pandemia de covid-19. Esta ley, que equipara abuso y agresión sexual, es un triunfo del movimiento feminista organizado, que, señalando el machismo de las sentencias de la Audiencia Provincial de Navarra y del Tribunal Superior de Justicia de Navarra, puso en el centro el consentimiento como único límite para atacar la libertad sexual de alguien: aunque no haya violencia ni intimidación, siempre que no haya habido consentimiento, es agresión. La violencia o intimidación será un agravante, pero no el factor fundamental. El «Solo sí es sí» representa, pues, un cambio de paradigma: el consentimiento está en el centro.

Hay otras modificaciones importantes que introduce la ley. El texto plantea una perspectiva de prevención y atención integral a las mujeres y prevé la creación de recursos como los centros de crisis 24 horas. En su artículo 35, define estos centros como «servicios que brindan atención psicológica, jurídica y social. Bajo criterios de atención permanente y actuación urgente, proveerán apoyo y asistencia en situaciones de crisis para víctimas, familiares y personas del entorno».[19] También se recoge que el acceso a los derechos que avala la ley no requiere denuncia previa.

El movimiento feminista autónomo, aun reconociendo que la ley es una conquista de las movilizaciones que ha impulsado, plantea fuertes críticas. Dos son las objeciones más importantes: por un lado, la ley no garantiza el acceso a la denuncia y a la justicia a las mujeres migrantes en situación administrativa irregular. Si denuncian y no logran demostrar la agresión en el proceso penal, además de que la agresión queda impune, se arriesgan a ser expulsadas. Así, se ven excluidas en la práctica. Habría que modificar la ley de extranjería para que esto no sucediera, tal y como viene reclamando el feminismo autónomo antirracista desde hace años. Por otro lado, el proyecto de ley recupera la tercería locativa, esto es, la persecución a quienes cedan espacios para el «ejercicio de la prostitución». Bajo el discurso de la abolición de la prostitución, esta cláusula lo que hace es dificultar a las trabajadoras sexuales la posibilidad misma de alquilar un piso para vivir y criminaliza todo su entorno. La movilización de las trabajadoras sexuales y de las feministas aliadas, así como el trabajo de incidencia y el posicionamiento de partidos fuera del Gobierno, logran eliminar del proyecto de ley la tercería locativa, aunque no la penalización de la publicidad. Sin embargo, el acceso igual para todas a la justicia queda fuera del texto definitivo: las mujeres migrantes *sin papeles* tendrán que iniciar todo el proceso con la amenaza de deportación planeando sobre sus cabezas.

---

19 «Artículo 35. Servicios de asistencia integral especializada y accesible», Ley Orgánica 10/2022, del 6 de septiembre, de Garantía Integral de la Libertad Sexual, en *Boletín Oficial del Estado*, 215, de 07/09/2022, https://www.boe.es/buscar/act.php?id=BOE-A-2022-14630

Desde el momento en que la ley entra en vigor, la derecha mediática pone en marcha una guerra sin cuartel contra el Ministerio de Igualdad, tildando el texto de «chapuza». Puesto que la ley trata todas las formas de delito sexual como modalidades de un mismo delito de agresión y varía las horquillas de las penas, algunos magistrados aprovechan la ocasión para revisar la pena de un puñado de condenados por violación sexual y poner a algunos de ellos en libertad, lo cual echa más madera a la locomotora mediática, que se regala con titulares como este de abril de 2023 en el periódico *El Mundo:* «La ley del "solo sí es sí" beneficia ya a 978 agresores sexuales y deja en libertad a 104 de ellos». Leña y más leña para alimentar el miedo, la inseguridad, el terror sexual, que tan funcional es para la restricción de la autonomía de las mujeres.

Feliz de poder presentarse como el partido serio frente a los «podemitas radicales», el PSOE se precipita a reformar la ley. Pilar Llop, entonces ministra de Justicia, afirma en febrero de 2023 en un programa de radio que "la víctima tiene muy fácil probar que hubo violencia, solo con una herida ya puede".[20] La reforma que propone mantiene un único delito de agresión sexual, pero introduce un subtipo para diferenciar entre agresión con violencia e intimidación o sin ella. Así, se desoye la principal demanda del feminismo en las calles, que es evitar que las mujeres víctimas de agresión sexual tengan que demostrar en sede judicial cuánto se han resistido. Todo vuelve a girar en torno a las penas y la cárcel, desaparecen del debate público las causas y la situación concreta de las mujeres: el elemento punitivista, favorecido por el cerco mediático al feminismo autónomo, afianza posiciones. La reforma planteada por el PSOE es finalmente aprobada en el Senado el 26 de abril del 2023. Pocos meses más tarde, elecciones mediante, Irene Montero abandona la cartera de Igualdad, que vuelve a manos del PSOE. La primera iniciativa de la nueva ministra, Ana Redondo García, es una propuesta de ley de criminalización de la prostitución, que, afortunadamente, no sale adelante.[21]

2024: VÍAS DE SALIDA DE UNA ENCRUCIJADA

Retomamos en este punto una pregunta que ya lanzó la jurista feminista Laia Serra en el 2018 en el marco del debate sobre la prisión permanente revisable, reavivado por el padre de Diana Quer: «¿Cómo posicionarnos desde los feminismos entre la solidaridad con las víctimas y las supervivientes y la deriva punitiva del Estado? Para situarnos, es útil adentrarnos en el fenómeno del "populismo punitivo": fórmula política y penal

---

20 «Pilar Llop, ministra de Justicia: "La víctima tiene muy fácil probar que hubo violencia, solo con una herida ya puede"», en *Público*, 7 de febrero de 2023, https://www.publico.es/politica/pilar-llop-ministra-justicia-victima-facil-probar-hubo-violencia-herida.html

21 Susana Albarrán (2024): «Derrota del PSOE en su iniciativa de legislar contra el proxenetismo», en *El Salto*, 22 de mayo, https://www.elsaltodiario.com/congreso-de-los-diputados/derrota-del-psoe-iniciativa-legislativa-proxenetismo

que se contextualiza en la expansión neoliberal, la quiebra del Estado del bienestar y el auge del neoconservadurismo. El "populismo punitivo" se define como la estrategia ideológica, manipuladora y reaccionaria del Estado de explotar las inseguridades de la colectividad para neutralizar ciertos debates sociales y criminalizar selectivamente ciertas conductas y sectores sociales para ir restringiendo libertades fundamentales».[22]

Este marco nos ayuda a entender cómo es posible que el punitivismo, en lugar del consentimiento, haya adquirido un papel central en el debate de la ley del solo sí es sí. Su éxito viene asegurado por la capacidad de la derecha mediática de apelar a la emocionalidad frente a los hechos y los datos objetivos, y de ofrecer soluciones aparentemente fáciles y rápidas ante fenómenos complejos. Su resultado no es solo la limitación de derechos y libertades fundamentales, sino el reforzamiento del autoritarismo del Estado.

Por otro lado, tal y como nos recuerda la abogada Violeta Assiego, «hay algo en el propio sistema de justicia penal que hace que, aun en los casos de condenas más contundentes y proporcionadas a la gravedad de los hechos, siga amparando la impunidad con la que miles y miles de hombres ejercen las violencias contra las mujeres, las violencias sexuales, las físicas, las psicológicas».[23] Para las feministas autónomas, es decir, para quienes construimos las huelgas feministas, las asambleas de barrio, el trabajo cotidiano a pie de calle, la cuestión nunca fue las penas. Pero el cerco mediático que durante meses se construyó a través del goteo de informaciones sobre la revisión de condenas, algunas rebajas de penas y algunas excarcelaciones de agresores, con una calle ya mucho menos movilizada, produjo un efecto de terror en el imaginario colectivo que justificó la subida de penas, pero no la garantía de derechos y protección para las mujeres. Así, la derecha mediática y la reacción patriarcal se apuntaron un tanto y nosotras quedamos en una encrucijada en donde parece estar silenciada la justicia feminista y antipunitivista que defendemos.

* * *

Sabemos que asistimos a la instrumentalización de los derechos de las mujeres y de la lucha contra las violencias machistas para legitimar políticas represivas. Esto no es nuevo: el *securofeminismo,* como lo llama Rafia Zakaria, lleva décadas legitimando políticas neoliberales y la violencia de la guerra sobre cuerpos de personas en el Sur global en nombre de los derechos de las mujeres.[24] Pero la impunidad patriarcal nos exige

---

22 Laia Serra (2018): «Populismo punitivo o cómo se instrumentaliza el dolor de las víctimas», en *Pikara Magazine,* 8 de febrero, https://www.pikaramagazine.com/2018/02/populismo-punitivo-o-como-se-instrumentaliza-el-dolor-de-las-victimas/

23 Violeta Assiego (2020): «La solución no es más cárcel», en *Pikara Magazine,* 10 de junio, https://www.pikaramagazine.com/2020/06/la-solucion-no-mas-carcel/

24 Rafia Zakaria (2022): *Contra el feminismo blanco,* Madrid: Continta Me Tienes.

imaginar horizontes feministas de justicia. La cuestión excede los debates en torno a la ley. No debemos olvidar que fue nuestro empuje, el de las movilizaciones que fuimos capaces de construir en las calles y las narrativas que lanzamos, lo que puso a la justicia patriarcal contra las cuerdas y obligó a los partidos políticos que conformaron la coalición del Gobierno entre 2020 y 2023 a tomar nota y hacer algo al respecto. Hoy este empuje se está encontrando con una reacción patriarcal aupada por la derecha mediática, que alimenta también discursos en la izquierda sobre «los excesos del feminismo».

Si bien es cierto que la retórica del terror sexual ha tenido un alto impacto en la opinión pública y en la disputa por el relato político, también lo es que nosotras hemos sido capaces de crear narrativas antipunitivistas contrarias a una política securitaria y de control de las mujeres. En este camino de respuesta, el movimiento feminista autónomo ha dejado siempre claro que la cárcel no es la solución y ha puesto sobre la mesa un planteamiento multifacético que no se centra en las penas, sino en el sentido de la palabra «justicia».

Sabemos que la justicia feminista a la que aspiramos tiene que ser interseccional, debe poner el foco en las mujeres agredidas y sus necesidades, y debe hacerse con medidas que garanticen la verdad, la justicia y la reparación, que tienen que ir acompañadas de responsabilización y garantía de no repetición. Sabemos que hacen falta medidas de prevención, de atención integral, de acceso a procesos judiciales que no revictimicen, junto a políticas que apunten a las estructuras sociales que generan las violencias. Necesitamos también dinámicas comunitarias y transformadoras capaces de huir de la revictimización y de romper el ciclo de reproducción de las violencias, así como formas de autodefensa, entendida esta no como práctica individual, sino colectiva, a la par de transformación concreta de nuestros modos de ocupar el espacio público y de tejido de redes que protegen y hacen la vida más segura. Creemos que esta estrategia con múltiples planos es la vía para perder el miedo, pisar fuerte, romper el *impasse,* salir de la encrucijada.

2. POR UN FEMINISMO CONTRA LAS VIOLENCIAS ECONÓMICAS Y FINANCIERAS

LUCÍA CAVALLERO,
NI UNA MENOS-GIIF (BUENOS AIRES)

Concluyo este texto durante los primeros meses del Gobierno de ultraderecha en Argentina con un proyecto que se autodenomina «libertario».[25] Esta fuerza política, denominada La Libertad Avanza,[26] expresa los máximos deseos del capital financiero de destruir el Estado en su rol de garante de la reproducción social (como proveedor de salud, educación, seguridad social) y, en cambio, expandirlo en su lado criminalizador y represivo.

Según esta secta ultraliberal, todo debe transformarse en espacio de valorización capitalista: la abolición del Estado permitirá que individuos totalmente libres y en igualdad de condiciones celebren sus contratos e intercambios. Es clarísima en esta utopía la negación de cualquier tipo de desigualdad de género o raza e incluso de cualquier forma

---

25 Economistas definen el anarcocapitalismo como una «filosofía extrema dentro del liberalismo que plantea el ideal de llegar a una sociedad capitalista sin Estado». Uno de sus máximos exponentes es el estadounidense Murray Newton Rothbard. Véase Andrés Asiaín (2023): «Qué es el anarcocapitalismo de Javier Milei», en *Página 12*, 20 de agosto, https://www.pagina12.com.ar/579556-que-es-el-anarcocapitalismo-de-javier-milei. Véase también Melinda Cooper (2021) y su formulación del «paleolibertarianismo» para dar cuenta de la alianza entre libertarianismo y conservadurismo como una forma de dar respuesta a las contradicciones del libertarianismo, en «The Alt-Right: Neoliberalism, Libertarianism and the Fascist Temptation», en *Theory, Culture & Society*, número especial: *Postneoliberalism?*, 38 (6), pp. 29-50.

26 La Libertad Avanza, la fuerza política que llevó al poder a Javier Milei, está compuesta por funcionarios y políticos pertenecientes a una derecha más tradicional, como la conducida por Mauricio Macri, que agrupa intereses de grupos económicos locales y transnacionales, componentes fascistas como los que expresa la vicepresidenta ligados a la dictadura militar del 76 y también nuevos apoyos internacionales, como los del capitalismo de plataformas (Elon Musk) y fondos de inversión como Blackrock.

de vulnerabilidad e interdependencia colectiva, reponiendo la idea del sujeto hombre heterosexual como «empresario heroico» que se gobierna a sí mismo con total libertad y a través de dispositivos financieros.

Quiero postular que este proyecto, personificado en la figura de Milei, *profundiza y sofistica algunos de los métodos por excelencia de la violencia económica* que venimos mapeando: la devaluación permanente de la moneda, el endeudamiento privado como forma de compensar la dolarización de bienes y servicios básicos para la reproducción de la vida y el retraso de los salarios frente a la inflación como modo de ajuste permanente de los ingresos populares.[27]

En ese sentido mi hipótesis es que estamos ante *un pasaje de umbral de las violencias económicas-financieras* que combina intensificación y aceleración para reconfigurar las posibilidades de supervivencia de las mayorías.

A su vez, quisiera plantear que la conceptualización y la confrontación con las formas de violencia económica ha sido un saldo muy importante del proceso de organización feminista de los últimos años. Este objetivo ha centrado los esfuerzos más importantes por parte de quienes hemos sostenido la organización de los paros y otras medidas de fuerza feminista. Quiero postular que dicho trabajo político contribuye a subalternizar la solución penal como única vía de reparación de la violencia por razones de género en las instancias de organización feminista.

ARGENTINA: LABORATORIO DE LA ULTRADERECHA GLOBAL

Como movimiento feminista, nos encontramos batallando en varios frentes al mismo tiempo que requieren más que nunca de un ejercicio estratégico que permita desmenuzar y desarmar en cada coyuntura dónde poner las energías militantes.

Junto a Verónica Gago, hemos definido en un texto reciente que la novedad del *shock* neoliberal que estamos viviendo tiene dos características clave: la *velocidad* y la *intensidad de la violencia* que asume como modo de gobierno.[28] Esto se debe a que Milei *extrae* su poder directamente de las corporaciones más concentradas del capital, en un momento de reconfiguración acelerada del capitalismo hacia un modelo extractivo y de guerra. Nuestra hipótesis es que este modo de gobierno se afirma articulando tres vectores: *capacidad de destrucción, generación de caos* y *despliegue de crueldad.*

---

27 Incluso, antes de su nombramiento pero ya siendo presidente electo, declaró que «el peso argentino es excremento», lo que generó un fuerte pánico en la población que terminó en una corrida cambiaria.

28 Lucía Cavallero y Verónica Gago (2024): «Feminismos vs. casta financiera», en *Revista Anfibia*, 25 de abril, https://www.revistaanfibia.com/feminismos-vs-casta-financiera/

El Gobierno de Javier Milei está hoy a la vanguardia de la ultraderecha a nivel global y constituye un balance práctico de las experiencias anteriores de Estados Unidos y Brasil en términos de la velocidad y crueldad con que se aplican reformas. Como insistimos en el texto citado arriba, no tiene mucho sentido el péndulo argumentativo sobre si Milei es el efecto local de un fenómeno mundial o una singularidad extrema nacional que queda incomprendida si se diluye en la coyuntura global. Hay que salir de ese esquema binario para pensar en qué sentido lo global de su apuesta es novedoso y en qué sentido lo local de su arraigo no se limita a especificidades nacionales ni mucho menos a excentricidades personales.

A las pocas horas de la megadevaluación y «liberación» de los precios de la economía que anunció a dos días de asumir la presidencia, Milei decretó de manera inconstitucional (legislando sobre áreas que son materia del Congreso) una serie de reformas que buscan mercantilizar y privatizar áreas centrales de la vida en común y presentó un proyecto de ley redactado por estudios jurídicos de las principales corporaciones (me refiero al DNU 70/2023 y a la llamada Ley Ómnibus, caída en febrero por la movilización popular y recientemente aprobada en un contexto de represión a las organizaciones).

Estamos atravesando un intento refundacional de las relaciones sociales y de fuerza en Argentina en dos sentidos: 1) una reforma constitucional *de facto* que intenta instalar un nuevo régimen jurídico que selle la inserción de Argentina en una división internacional del trabajo como zona de sacrificio para las corporaciones extractivas de los países del Norte global y para los fondos de inversión y los organismos internacionales de crédito, con una clara posición de alineación con Estados Unidos en la disputa geopolítica; 2) un intento de redefinir la relación capital-trabajo, vía reformas laborales, depreciación del valor del trabajo y ataque sobre las condiciones mínimas de reproducción de la población, que nos obliga a utilizar el concepto de guerra tanto para dar cuenta de una situación geopolítica como para expresar el tipo de sistematicidad que el Gobierno practica en la destrucción de las condiciones de vida de la población.

Así, el Gobierno se muestra obediente y orgánico de las principales corporaciones financieras, inmobiliarias y extractivistas y pretende, bajo el ropaje de la libertad, realizar la utopía del capital de explotar los cuerpos y territorios sin regulaciones ni mediaciones.

La escena del Foro de Davos es elocuente en ese sentido: el presidente nos señaliza como enemigas principales, mostrando que los feminismos populares han tenido la capacidad de poner en cuestión estructuras de desigualdad muy profundas que hoy son incompatibles con su proyecto de refundación.

Quisiera, entonces, responder de qué modo y por qué hoy el concepto de violencia económica resulta fundamental para poner en evidencia el reverso de lo que el libertarianismo llama «libertad». Y también dejar planteados interrogantes sobre si el nuevo umbral de las violencias nos obliga a replantear nuestras estrategias de autodefensa.

Pero antes vamos a repasar una intensa secuencia de trabajo político y teórico al interior de la militancia en los feminismos populares.

ANTES DE LA ULTRADERECHA: VIOLENCIA ECONÓMICA A GRAN ESCALA Y LA VUELTA DEL FMI

Hay muchos modos de interpretar el ascenso de la ultraderecha en la Argentina y muchos factores que suceden al mismo tiempo. Desde mi punto de vista, cualquiera de esas explicaciones y énfasis devienen en superficiales sin tener en cuenta la presencia del Fondo Monetario desde el año 2018. Es esa fecha la que marca el inicio de la *aplicación de estrategias de terrorismo económico y financiero a gran escala*, como consecuencia del proceso de endeudamiento externo más acelerado de nuestra historia durante la presidencia del empresario heredero Mauricio Macri.[29]

El 2018 es el punto de inflexión en el que arranca una estrategia de guerra económica. Desde ese momento, la austeridad se mete en cada casa. Los ingresos de la población comienzan a caer en picado y a completarse cada vez más con endeudamiento, como hemos resaltado en otras publicaciones.[30]

La guerra económica del plan de austeridad del FMI, aplicado por sucesivos Gobiernos, al ras de la vida cotidiana es una parte fundamental de la insatisfacción y frustración de quienes votaron masivamente a Milei. Así, hay que comprender el voto a Milei, entre otros factores, desde la vida cotidiana. Como un rechazo y una esperanza de quienes están desde hace años endeudándose para vivir, sufriendo violencias económicas y haciendo malabares para sostener sus economías domésticas, viendo cómo sus salarios se deprecian y el dinero se hace agua o, peor, se transforma en deuda. Javier Milei es hijo de las políticas del Fondo Monetario Internacional y de la aplicación sistemática de políticas neoliberales.

En esta clave, es importante poner en valor lo doméstico, donde se organiza una economía de gestos que van desde buscar precios incansablemente frente a una inflación que se dispara hasta tomar el transporte público con demoras o con la sensación de que se puede ser víctima de un acto de inseguridad (un robo, etcétera). Y ese sentir y experimentar los días es parte central de una dinámica política.

Es desde ese ámbito desde donde hay que comprender los efectos del terrorismo financiero y económico y la producción de racionalidades políticas.

---

29   Durante la gestión de Mauricio Macri, la deuda pasó de 148.881 millones de dólares estadounidenses en 2015 a 249.046 millones en 2019. En este proceso destaca el préstamo pedido al FMI por 57.000 millones.

30   Lucía Cavallero y Verónica Gago (2018): *Una lectura feminista de la deuda. ¡Vivas, libres y desendeudadas nos queremos!*, Buenos Aires: Tinta Limón, https://tintalimon.com.ar/public/h1zy6opqfedln79rq1kh5bxd927o/una%20lectura%20feminista%20de%20la%20deuda.pdf

RADICALIZACIÓN DE LA LECTURA DE LA VIOLENCIA MACHISTA EN CONEXIÓN CON LAS VIOLENCIAS ECONÓMICAS

En la irrupción masiva de los feminismos del año 2015 con el primer Ni Una Menos, se marca un antes y un después para el movimiento y para los miles de personas que se congregan en la puerta del Congreso y cambia la sensibilidad hacia la violencia por razones de género.

Como se nombra en otros textos de este cuaderno, la primera huelga feminista del año 2016, que realizamos a nivel nacional, marca un salto cualitativo del movimiento hacia un agenda que se expande para abarcar las violencias económicas.

Los feminismos han revitalizado el debate económico aportando temas, conceptos, herramientas y nuevos imaginarios para confrontar la hegemonía neoliberal. En buena medida, esto inicia con una redefinición permanente desde los así llamados «márgenes» del mundo del trabajo reconocido y registrado, de lo que cuenta como trabajo y de quiénes producen riqueza. Esto, de modo consecutivo, permite abrir la pregunta sobre quiénes son las acreedoras de esa misma riqueza una vez que ha sido redefinida.

En este proceso, los paros internacionales feministas han sido la medida de fuerza concreta que nos ha permitido hacer una pedagogía a gran escala sobre la importancia del trabajo reproductivo en las casas y en los barrios. En ese sentido, la contabilización, visibilización y politización de las tareas que no son remuneradas ha habilitado la pregunta por cuál es el tiempo que tenemos para nosotres y cómo ese tiempo disponible depende de un conjunto de mecanismos de apropiación y extracción de la riqueza que producimos.

Las prácticas de organización feminista han desordenado los binarismos clásicos que estructuran el imaginario económico. Así, se ha cuestionado la oposición entre lo productivo y lo doméstico, y la división entre lo que cuenta como «público» y lo que cuenta como «privado». Esto ha implicado también ubicar la vida cotidiana, el espacio doméstico y el trabajo comunitario como lugares estratégicos donde hay explotación, pero también resistencia.

El movimiento feminista en Argentina ha tomado como eje central de su agenda la confrontación con el endeudamiento tanto público como privado, renovando sus consignas y el modo de presentar públicamente ese antagonismo.

Este proceso tiene antecedentes fundamentales en la organización de las huelgas internacionales de 2017, 2018 y 2019. En estas instancias, el movimiento feminista de Argentina produjo diagnósticos precisos sobre la relación entre las violencias machistas y las violencias económicas. Esto se hizo en asambleas, se tradujo en consignas y logró componer alianzas políticas.

El 2018 es el año en que el movimiento feminista se consolida como movimiento de masas, a la par que, al reapropiarse de la herramienta de la huelga, produce formas organizativas innovadoras. Esa simultaneidad y paradoja entre un movimiento que deviene masivo y un proceso de endeudamiento acelerado nos pone frente a una escena que debemos analizar en toda su politicidad. Cuando en 2018 dijimos en la huelga feminista *paramos para nosotres,* lo hicimos en paralelo al funcionamiento de uno de los mecanismos más sofisticados de extracción de tiempo futuro: el endeudamiento.

Es importante volver a este argumento: mientras pusimos miles de cuerpos en la calle, la deuda se transformó en un intento casi en simultáneo de encorsetar nuestros posibles futuros; en un mandato de ajuste y de austeridad permanente que limitó la posibilidad de políticas públicas que reconozcan trabajos de cuidado, que expandan los servicios públicos y que aborden las violencias desde la promoción de la autonomía económica.

Así, el objetivo político de este endeudamiento se puede sintetizar de este modo: robarnos la posibilidad de inscribir nuestras demandas y contestar a nuestros deseos de vida en común con más neoliberalismo.

Como parte de ese proceso, el Colectivo Ni Una Menos, junto a otras organizaciones, convocó a una acción en mayo de 2017 en la puerta del Banco Central de la República Argentina con la consigna «¡Vivas, libres y desendeudadas nos queremos!».[31] El objetivo fue, primero, trazar la relación entre violencia financiera y violencia machista y, en ese mismo acto, denunciar el proceso de endeudamiento masivo de las economías domésticas que se daba en paralelo a la toma de deuda por parte del Estado. Se trata de un momento clave, porque desde entonces el movimiento feminista activó un gesto novedoso: colocó el conflicto en el terreno de las finanzas y señaló su lógica invasiva sobre zonas cada vez más amplias de la reproducción de la vida.

La consigna «¡Vivas, libres y desendeudadas nos queremos!» se ha seguido desarrollando en los sucesivos años al calor de un movimiento masivo y ha logrado enhebrarse con problemáticas diversas que mapean, de hecho, esa lógica invasiva de las finanzas y, sobre todo, por qué es la lectura feminista de la deuda la que ha permitido plantear en nuevos términos la desobediencia financiera en relación a lo que esta implica como producción de subjetividad y explotación de los trabajos reproductivos. De esa forma, se comenzó a problematizar la dinámica abstracta de las finanzas en su relación con la vida cotidiana, conectándola con las formas de la violencia en los hogares y con las modalidades actuales de explotación del trabajo. Así, se puso en el centro la discusión sobre la economía de la violencia que implica el endeudamiento.

---

31 Ni Una Menos (2017): *#DesendeudadasNosQueremos,* 2 de junio, http://niunamenos.org.ar/manifiestos/desendeudadasnosqueremos/

La acción en el Banco Central produjo una de las reacciones más fuertes en las redes sociales y medios de comunicación. Se acusó entonces al feminismo de «mezclarlo todo», justamente por haber desbordado el lugar de la victimización, hablando únicamente de violencia machista como un fenómeno aislado de las condiciones en las que se trabaja o como un problema de tipo cultural. Con el paro internacional de mujeres de 2017 y antes con el paro nacional de 2016, la enunciación de las demandas pasó de ubicarse desde un lugar de víctimas a uno como productoras de valor en espacialidades históricamente devaluadas.

TERRORISMO ECONÓMICO SOBRE NUESTROS CUERPOS Y SUBJETIVIDADES

En el año 2018, retomando aquel concepto de las Madres y Abuelas de Plaza de Mayo,[32] desde el Colectivo Ni Una Menos destacamos la importancia del concepto de terrorismo financiero para dar cuenta de los múltiples métodos que utiliza el poder económico concentrado para disciplinar subjetividades en pos de la naturalización de condiciones de mayor empobrecimiento. Nombramos así discursos que desde el poder estatal hablan de una «catástrofe inminente» para justificar reformas, pero también la presión permanente de las corporaciones a través de corridas cambiarias (que producen subidas en el valor del dólar) y el endeudamiento generalizado permanente de la población.

En el valor de la moneda se juega una guerra que se intenta hacer pasar como mecanismo abstracto que no tiene que ver con la acción decidida de algunos actores. Sin embargo, estamos ante un proceso de dolarización de hecho en el que los principales bienes y servicios para la reproducción de la vida están a precio internacional, mientras que los salarios están congelados en moneda local.

Por ello, la producción de la crisis es estrictamente política: se busca imponer condiciones cada vez peores para aceptar el ajuste. Se trata de un escenario de *disciplinamiento social por medio de herramientas de disciplinamiento financiero,* como decíamos en el 2018 desde el Colectivo Ni Una Menos para denunciar el terrorismo financiero que se impuso desde la llegada del Fondo Monetario Internacional.[33] Desde ese momento, desplegamos múltiples estrategias para mostrar que, bajo el ropaje de «la libertad de los mercados», hay una política profundamente autoritaria, misógina y patriarcal.

---

32 Las Madres y Abuelas de Plaza de Mayo comenzaron a hablar de «terrorismo financiero» y vinculaban el endeudamiento externo con la violencia del terrorismo de Estado contra la organización popular e incluían la deuda como una causa del movimiento de derechos humanos, poniendo en escena el antagonismo en términos de finanzas versus vida. Esto no es casual: fue durante la dictadura eclesiástico-empresarial-militar cuando, paralelamente a un proceso de endeudamiento nunca visto hasta ese momento, se realizaron reformas financieras que aún persisten, como la ley de entidades financieras.

33 Ni Una Menos (2018): «Frente al disciplinamiento financiero, rebeldía feminista», 16 de mayo, https:// niunamenos.org.ar/manifiestos/frente-al-disciplinamiento-financiero-rebeldia-feminista/

IMPULSO A LA ACCIÓN SINDICAL TRANSVERSAL CONTRA LA DEUDA Y LAS REFORMAS PUNITIVAS CONTRA LAS JUBILACIONES

Una novedad fue también el modo en que los sindicatos tomaron de manera transversal el reclamo contra la deuda. Para la marcha Ni Una Menos del 4 de junio de 2018, distintos sindicatos se apropiaron de la consigna para hacer sus propias convocatorias, produciendo un desplazamiento en el modo de definir el conflicto sindical al menos en dos sentidos: el reclamo por el desendeudamiento incluyó las deudas domésticas y se vinculó con la falta de autonomía, como una máquina de obediencia que pone a mujeres, lesbianas, travestis y trans en condiciones de mayor vulnerabilidad ante la violencia machista. A su vez, la confluencia sindical junto con el movimiento feminista tuvo después de los paros internacionales dos instancias importantes de intervención: la ley de «paridad» y las moratorias jubilatorias, dos reformas propuestas por el FMI con el discurso neoliberal de género.

La primera de ellas, en 2018, confrontó un proyecto del Gobierno que, bajo la apariencia de una propuesta de «ley de equidad en los sindicatos», lanzaba una «reforma laboral encubierta». Así lo denunciaron las mujeres sindicalistas, que advirtieron además que esa iniciativa pretendía otorgar al Gobierno la posibilidad de intervenir en los sindicatos.[34] Se trataba de un intento de traducir en clave neoliberal las demandas del movimiento feminista. Aquí, las mujeres sindicalistas presentaron un proyecto alternativo consensuado con todas las centrales sindicales y en alianza con el movimiento feminista que incluso fue parte de la exposición en el Congreso de la Nación. Como producto de esta articulación, se logró que el ejecutivo retirara el proyecto. La consigna que se utilizó fue «No en nuestro nombre». No fue un dato menor que el ejecutivo girara al Congreso el proyecto de reforma un día después del 8 de marzo de 2018.

Aquí hay también una pista muy importante: la sinergia feminista y sindical funcionó como un antídoto contra el intento de Gobiernos neoliberales, de corporaciones y de organismos internacionales de crédito por recortar la agenda feminista de su contenido de clase y traducirla en leyes que atenten contra la autonomía sindical y las herramientas de organización de las y los trabajadores. Así, este debate se renovó cuando se intentó «lavar» la agenda del Fondo Monetario Internacional con la agenda de género. Gracias a la alianza sindical feminista, el tipo de agendas desplegadas por el movimiento feminista en Argentina incluye una denuncia contra la precarización laboral y contra las leyes de ajuste de la seguridad social y de flexibilización laboral impulsadas por las políticas de austeridad.

---

34 «Las mujeres sindicalistas contra la reforma laboral encubierta», en *LatFem*, 24 de agosto de 2018, http://latfem.org/las-mujeres-sindicalistas-contra-la-reforma-laboral/

Un segundo momento de esta confluencia tuvo lugar en 2019 con la confrontación de la iniciativa del Gobierno de Mauricio Macri de dar de baja las moratorias previsionales que permitían jubilarse a las mujeres que, habiendo trabajado en sus casas o de manera informal, no accedían a un beneficio previsional.[35] El Gobierno se proponía aumentar la edad jubilatoria a sesenta y cinco años y dar de baja el beneficio de las moratorias, cumpliendo con una exigencia del Fondo Monetario Internacional.

Con ocasión de esa medida, se armó una confluencia de todas las centrales y del movimiento feminista.[36] Para esas actividades, desde el Colectivo Ni Una Menos se acuñó la consigna «Los aportes que nos faltan los tiene el patriarcado», evidenciando el origen estructural de esa falta de aportes para ciertas trabajadoras. Se logró evidenciar así que el recorte de derechos a jubilaciones especialmente destinadas a mujeres, a aquellas que realizaron durante toda su vida trabajo no remunerado o mal pagado o con patrones que no se responsabilizaron por esos aportes, era un *recorte-castigo: un intento de disciplinamiento junto al ajuste económico.*

Es esta unidad en la acción sindical-feminista, defendida por el campo de fuerzas abierto por la movilización colectiva tramada especialmente al calor del proceso político de las huelgas, la que visibilizó y valorizó los trabajos reproductivos, de cuidado y atención, al mismo tiempo que denunció la brecha salarial que se sustenta en la división sexual del trabajo. Por ello, la alianza entre sindicalismo y feminismo permitió que el movimiento sindical proponga, bajo la consigna #NiUnaJubiladaMenos, el reconocimiento del trabajo «no reconocido» como prioridad de la agenda laboral con forma también retroactiva.

Podemos decir que este eslogan es otra declinación del #TrabajadorasSomosTodas, que amplió tanto lo que se entiende por trabajo como la capacidad de disputar remuneración y reconocimiento del histórico trabajo feminizado no pago o mal pago en el reclamo de jubilación para todas. En conclusión, las mujeres sindicalistas, en alianza con el movimiento feminista, han construido una oposición a las reformas que el Fondo Monetario Internacional intentó aprobar en Argentina a partir del año 2018. Esto incluye las ya mencionadas leyes de «equidad» y de recorte de las moratorias previsionales, pero también, de modo más general, las distintas medidas de austeridad que arrojaron a las mujeres a tener que endeudarse para vivir.

---

35 La moratoria previsional es un mecanismo introducido en Argentina para incluir en el derecho a jubilarse a personas que al llegar a la edad de jubilación no tenían cotizaciones suficientes, a través de un plan para cancelar las aportaciones faltantes en cuotas mientras se cobra la jubilación. Este mecanismo permite acceder a la jubilación a muchas mujeres que han cotizado poco, porque se han dedicado a trabajo doméstico no remunerado o a la economía informal. Más información sobre las moratorias previsionales y el intento actual de eliminarlas en https://www.revistaanfibia.com/los-aportes-me-faltan-los-patriarcado/

36 «Mujeres sindicalistas e integrantes de movimientos sociales se suman a la marcha para que no termine la moratoria jubilatoria», en *El 1*, 3 de junio de 2019, http://www.el1digital.com.ar/articulo/view/83108/mujeres-sindicalistas-e-integrantes-de-movimientos-sociales-se-suman-a-la-marcha-para-que-no-termine-la-moratoria-jubilatoria

En el año 2022, durante el Gobierno de Alberto Fernández, se volvió a firmar un acuerdo con el Fondo Monetario Internacional. El nuevo acuerdo incluía la realización de revisiones trimestrales de la economía argentina, es decir, que el FMI revisaría las variables más importantes de la economía y decidiría si realizaba los desembolsos correspondientes para pagar la deuda que se tomó durante el Gobierno de Macri. Esto ha condicionado completamente el proceso de las elecciones del año 2023, al dejar al Gobierno argentino sistemáticamente al borde del cese de pagos si no se aplicaban políticas de ajuste.

Quisiera focalizarme en la revisión trimestral del 13 de marzo del 2023, en la cual el FMI recomendó la aplicación de medidas para abordar de manera sostenible los costos fiscales de la aprobación «imprevista» de la moratoria previsional (la ley que prorrogó la vigencia de las moratorias previsionales en el año 2023). Las organizaciones feministas que venimos coordinando y trabajando en una agenda pública concreta (que apareció muy fuerte el 8 de marzo pasado) interpretamos que esa revisión del Fondo Monetario era un chantaje, una extorsión al Gobierno argentino. Las moratorias previsionales son una medida que el movimiento feminista viene defendiendo y haciendo propia, en tanto que permite que mujeres que durante toda su vida se han encargado de realizar trabajos de cuidado dentro de sus propias casas o mujeres que han tenido empleadores que no han hecho los aportes correspondientes se puedan jubilar. Esa moratoria previsional estaba vencida desde diciembre, pero gracias a la lucha y a la articulación política de diferentes sectores se logró una prórroga. Frente a ello, el FMI declaró que debían tomarse medidas fiscales para compensar, tratando de generar una guerra de pobres contra pobres y culpabilizando a esas mujeres por ajustes que iban a tener que hacerse en otros sectores. A partir de ello, casi doscientas organizaciones sociales, sindicales, políticas, feministas, transfeministas contestamos al FMI diciendo que no íbamos a ceder ningún derecho frente a sus extorsiones. Esto se tejió en continuidad con el 8 de marzo y fue una respuesta pública a los chantajes permanentes del Fondo Monetario Internacional.

Hoy, con el nuevo Gobierno, uno de los primeros sectores a los que se ataca son las «amas de casa que se jubilaron sin aportes», como si fueran beneficiarias de un regalo del Estado. Hay una moralización permanente contra sectores como las jubiladas por la moratoria previsional o contra aquellas mujeres que perciben una ayuda del Estado por el trabajo en la economía popular.

ARTICULACIÓN CON INQUILINOS AGRUPADOS: UNA AGENDA CONCRETA CONTRA LA VIOLENCIA PROPIETARIA

El trabajo político realizado junto con el Sindicato de Inquilinos e Inquilinas Agrupados fue fundamental para desplegar en la pandemia un cuestionamiento a lo que llamamos violencia propietaria. Es decir, el aumento de chantajes, amenazas y desalojos sobre las inquilinas originado por la desregulación del mercado de alquileres y el incumplimiento de las leyes de protección a les inquilines. Hemos detectado también que el alquiler devino una de las principales fuentes de endeudamiento para las familias y, en especial, para las mujeres que no conviven con sus cónyuges y para la población LGTBIQ+.

Desde la asunción del Gobierno de Milei y su política de desregulación, desplegamos una encuesta trimestral que mide los plazos de los contratos, los ajustes de precio y el nivel de endeudamiento.[37] Hemos querido demostrar que en cada régimen de propiedad se encuentra contenido un orden sexual que penaliza las vidas de quienes eligen vivir por fuera del mandato heterosexual que te asegura una forma más rápida de acceso a la propiedad. Esta alianza ha sido fundamental en dos sentidos: por un lado, reforzar la organización de la lucha de les inquilines y aportar un lenguaje feminista a la misma; por otro, para retroalimentar la agenda feminista de una lucha concreta por el acceso a la vivienda.

En la resistencia al actual Gobierno, les inquilines despliegan una lucha fundamental y pionera contra la derogación de la ley de alquileres incluida en el decreto gubernamental arriba mencionado. Pero, además, se trata de una lucha que prefigura todos los elementos de combate al anarcocapitalismo: la reposición de la política en la moneda, el cuestionamiento de la «libertad de partes» en la firma de los contratos y la visibilización de que cada precio es político y que, cuando el capital se concentra, avasalla la vida.

CONCLUSIÓN

Estamos en un momento de pasaje del umbral de la violencia económica que pone en crisis, incluso, nuestras posibilidades de organizarnos. Este pasaje de umbral nos hace preguntarnos cuáles serían las estrategias acordes a este momento. Tenemos un acumulado de luchas y reservas democráticas fundamentales en nuestro país, en las que los feminismos cumplen un rol central.

Hoy asistimos a la venganza de los dueños de todo frente a la posibilidad de vida de los no propietarios. Es decir, un régimen que habla de una «libertad» de la que solo pueden gozar corporaciones y propietarios. Es imposible escindir la instalación de este régimen de la aplicación sistemática sobre las subjetividades de estrategias de terrorismo financiero y económico que prepararon un paisaje de devastación sobre el que se aplica este programa de *shock*. Frente a ello, es fundamental el rol del feminismo y su pedagogía contra las violencias económicas desde la vida cotidiana, su capacidad de intervenir sobre el mismo punto de politización que encontraron las ultraderechas para prometer una dolarización que solucionaría la sensación de inestabilidad permanente.

---

37   Inquilinxs Agrupadxs (2024): «Alquilar en la era Milei. Resultado encuesta — marzo 2024», 22 de abril, https://www.inquilinosagrupados.com.ar/alquilar-en-la-era-milei-resultado-encuesta-marzo-2024/

Hemos hecho un recorrido como movimiento en el cual el ejercicio de politización de las violencias ha sido central para, por momentos, correr el imaginario de que la única respuesta a la violencia machista es penal. Hemos intentado además construir narraciones y vocabularios concretos que permitan nombrar los mecanismos más abstractos y cómo se transforman en formas de violencias concretas. Es decir, construir una conexión entre el momento de mayor abstracción (la desregulación del mercado de alquileres, por ejemplo) con el momento en que aparece como violencia económica.

Esta contrapedagogía que confronta el terrorismo financiero ha estado presente, por lo menos desde el 2018, como desafío del movimiento. En este proceso, ha sido esencial relevar los impactos del endeudamiento y volverlo una consigna transversal, capaz de dar cuenta de su impacto en distintas economías, cuerpos y territorios. Romper con el encasillamiento de las violencias, buscar sus conexiones, abandonar la solución penal como único imaginario requiere de un trabajo político que a veces puede resultar muy ingrato; para muchas feministas, hacer eje en las violencias económicas supone dejar de lado la centralidad de los femicidios. Pero hoy Argentina se ha vuelto un laboratorio de las violencias económicas que el capitalismo está dispuesto a aplicar en su fase de articulación autoritaria. Hoy este anudamiento entre restauración patriarcal y neoliberalismo se hace evidente en cada aplicación de *shock* neoliberal, como el que estamos atravesando, donde las violencias económicas se concentran en la reproducción social y la atacan hasta tal punto que ponen en crisis la supervivencia misma como nunca habíamos visto.

Por ello, desandar y comprender las violencias económicas centrales en el nuevo proyecto ultraneoliberal y conservador es más urgente que nunca. En ese sentido, creo que el feminismo popular que hemos practicado desde Ni Una Menos nos puede dar claves para aportar a esa encrucijada que vivimos en el Sur.

Frantz Fanon nos dice en *Los condenados de la tierra* que el estado natural del colonialismo es la violencia.[38] En Argentina, la violencia se incrementa a diario y coincide con un momento en el cual su uso como estrategia de liberación no está entre las opciones/repertorios de los movimientos. El pacto democrático liberal (conseguido en países como el nuestro como efecto de las luchas contra la dictadura y de las luchas radicales por los derechos humanos) es un marco del que la élite económica se ha retirado, pero que en el campo de organizaciones populares y feministas quedamos sosteniendo. La pregunta por responder es qué prácticas podrían ser hoy de contraviolencia o de autodefensa frente a este nivel de destrucción y crueldad. Nos falta un debate estratégico que esté a la altura de esta nueva fase de intensificación de la guerra económica, donde los marcos de la democracia liberal no solo deben ser defendidos como forma de sostener un mínimo de derechos conseguidos, sino también puestos en crisis desde una perspectiva feminista, antirracista y popular.

---

38 Frantz Fanon (1963): *Los condenados de la tierra*, México: Fondo de Cultura Económica.

BLOQUE II
CONTRA EL ESTADO PUNITIVO

3. ¿QUIÉN ES RESPONSABLE DE LA OMISIÓN Y DE LA TORTURA?

JUSTICIA FEMINISTA Y ANTIPUNITIVISTA

TATIANE DA SILVA SANTOS Y COLETIVO TERRITÓRIO EM JUSTIÇA SOCIAL[39]

Recostada en la almohada,
anoche pensaba:
nadie sabe el dolor que tengo,
nadie sabe por lo que paso.

Tatiane da Silva Santos

El texto que aquí presentamos, fruto de varias manos, con la participación activa de Tatiane da Silva Santos y de las integrantes del Territorio em Justiça Social, propone pensar en qué medida la violencia, el castigo y los sentidos de justicia atraviesan la realidad vivida por Tatiane y otras mujeres sobrevivientes del sistema punitivo brasileño y latinoamericano, y cómo es posible pensar las estrategias de autodefensa feminista como formas de producir resistencia colectiva al escenario de violencia y castigo.

Nuestro objetivo consiste en movilizar determinadas categorías, como violencia, justicia y castigo, y así hacernos eco de las voces de miles de mujeres que han sido atravesadas por la violencia del encarcelamiento y del sistema de justicia penal, al objeto de desarrollar estrategias de autodefensa y resistencia feministas.

---

39 Participaron en esta investigación y redactaron el texto Camila Belinaso, Fernanda Martins, Jessica de Jesus Mota, Jéssica Volino Berwig Cruz, Karina Fernandes, Natália Otto, Renata Guadagnin y Yasmin Cordeiro do Nascimento. El título original de este texto es «Quem é responsável pela omissão e pela tortura? Justiça feminista e antipunitivista para pensar o castigo e a violência contra as mulheres», traducido al castellano por Raúl Sánchez Cedillo.

Tatiane da Silva Santos, una mujer procedente de Rio Grande do Sul, estado del sur de Brasil, ha tenido una vida marcada por una serie de acontecimientos trágicos y repletos de abusos que culminaron en un juicio polémico y una escandalosa condena. En 2013 fue acusada de homicidio por omisión, tortura y malos tratos en relación con la muerte de su hijo de solo un año, Diogo. Sin embargo, su historia es mucho más compleja de lo que el sistema de justicia penal pretende conocer y aceptar. Asimismo, tenemos que hacer hincapié en que su caso no es una excepción, sino un caso ejemplar para analizar y reflexionar sobre cómo los desarrollos punitivos impactan en la vida de las mujeres, sobre todo de las mujeres negras.

Desde la infancia, Tatiane fue testigo de una relación de abuso entre sus propios padres. Esa exposición precoz a la violencia dejó marcas profundas en su vida. Con solo dieciséis años se quedó embarazada y luego conoció a Amilton, el hombre con el que tuvo otros tres hijos. Su relación se antojaba prometedora, pero no tardó en convertirse en una pesadilla. La drogodependencia de Amilton lo convirtió en una persona agresiva e inestable, y Tatiane tuvo que afrontar innumerables dificultades para mantenerse a salvo tanto ella misma como a sus hijos.

Las veces que pidió ayuda a la policía y la justicia cayeron en oídos sordos. La tragedia llegó en 2013, cuando Tatiane, desesperada por mantener a sus hijos, dejó a Diogo al cuidado de Amilton mientras ella trabajaba en una panadería. Lo que vino después fue una sucesión de acontecimientos terroríficos: Amilton agredió brutalmente a Diogo, lo que provocó la muerte del niño. La escena que se encontró Tatiane cuando iba a dar el pecho al niño fue de un horror indescriptible.

El juicio posterior arrojó luz sobre la complejidad del caso. Amilton, responsable confeso, fue condenado a cuarenta y dos años de prisión por asesinato. Sin embargo, Tatiane también tuvo que hacer frente a diversas acusaciones. Fue investigada, acusada y un jurado popular la declaró culpable. La acusación la presentó como imprudente, masoquista, narcisista y madre negligente. Sin embargo, este relato se dejaba en el tintero el contexto de violencia que Tatiane había sufrido a lo largo de su vida, así como sus esfuerzos para salvar su vida.

El caso de Tatiane revela un patrón brutal de negligencia e ineficacia por parte de las autoridades. Tatiane afrontó una vida llena de malos tratos y abusos, y sus intentos de escapar del ciclo de violencia se vieron frustrados por un sistema judicial que no le proporcionó el apoyo y la protección adecuados —justo lo que cabe esperar de un Estado racista cuyo *modus operandi* se traduce directamente en múltiples formas de violencia contra las mujeres negras y periféricas—. En un país en el que la violencia doméstica es una epidemia persistente, la historia de Tatiane evoca las experiencias de muchas otras mujeres que luchan por ser escuchadas y protegidas.

Tras el juicio, Tatiane fue declarada culpable de la muerte de Diogo y condenada a veinticuatro años de prisión por omisión y tortura. Su caso se convirtió en un ejemplo de las complejidades de la dinámica de poder y los abusos en las relaciones íntimas, y de cómo el sistema judicial a menudo es incapaz de comprender y lidiar con esos matices. El Estado, en tanto que perpetuador de la violencia contra las mujeres, cumplió su agenda punitiva y discriminatoria. Tatiane perdió su hijo, su libertad y su dignidad, mostrando la trágica intersección entre una vida de traumas y un sistema judicial forjado para reafirmar la violencia contra personas vulnerables marcadas por el género, la raza, la clase y el territorio. Su historia pone de manifiesto la necesidad urgente de reformas en el sistema de apoyo a las víctimas de violencia doméstica y de género, así como una revisión crítica de las estructuras judiciales que perpetúan la injusticia.

De este modo, a partir de tres encuentros iniciales entre las mujeres que integran el Coletivo Território em Justiça Social y Tatiane, nos pusimos a pensar en los significados de la justicia, el castigo y el control, así como en la potencia de la unión de las mujeres, tanto las de dentro como las de fuera de la cárcel; destacan, como ejemplo, los cuidados de tía Neide (su compañera de celda), su abuela materna Vera y su hija Fabi, que siempre han estado presentes durante sus diez años en prisión.

El conocimiento compartido por Tatiane está dotado de sabiduría propia, que puede prescindir de toda adaptación al lenguaje y a la formalidad académicas. Rechazamos la idea de situar a Tatiane como objeto de la ciencia. Su voz y sus vivencias son sabiduría en su concepción más pura, por lo que aquí las utilizamos como herramientas para ampliar el alcance de sus denuncias y permitir que su historia llegue más lejos a través de esta escritura compartida colectivamente.

El artículo se divide en tres partes principales: 1) El comienzo. Me llamo Tatiane da Silva Santos; 2) Justicia, castigo y control: las intersecciones de género, raza y clase en la realidad de las mujeres presas brasileñas y latinoamericanas; y 3) La autodefensa feminista como modo de producir resistencia: las redes de apoyo a las mujeres dentro y fuera de las prisiones.

EL COMIENZO. ME LLAMO TATIANE DA SILVA SANTOS

Me llamo Tatiane da Silva Santos. Tengo treinta y cuatro años y soy madre de cuatro hijos. Uno ha fallecido.

Fui criada por mis padres hasta los nueve años y viví en un ambiente de violencia doméstica. Mucha violencia de mi padre hacia mi madre. Consumían muchas drogas todas las noches, y en cuanto se quedaban sin drogas se mataban entre ellos. Cuando mi padre no traía dinero, mi madre quería consumir… A mi madre le gustaba mi padre, pero él le abrió la cabeza a golpes muchas veces. Había muchas agresiones, no solo físicas. Hoy sé que la violencia psicológica hace más daño que un bofetón.

Hasta los nueve años viví con mis padres. Cuidaba de mis hermanos mientras mi madre andaba por el barrio. ¡Mi madre me pegaba mucho!

En el colegio tenía una profesora que siempre hablaba conmigo. Todos los días terminaba en el despacho de la dirección del colegio y ella me preguntaba por qué. Todavía me acuerdo de su nombre: Suzana. Me preguntaba: «¿Por qué eres así?».

En cambio, a mi hermano no le decía nada; no sé si porque era un niño. Yo decía que habría querido nacer niño. A mi hermano no le tocaban.

Tatiane da Silva Santos, mujer negra, hoy con treinta y cinco años, condenada injustamente por omisión en el homicidio de su hijo, expresa el padecimiento que implica el castigo para la existencia de las personas privadas de libertad y lo que significa estar expuesta a los mecanismos de violencia que sustentan el sistema de justicia penal.

Las palabras de Tatiane que aparecen al inicio de este capítulo nos hablan de su sufrimiento no solo por haber perdido a su hijo y haber sido condenada injustamente, sino por haber estado lejos de sus otros dos hijos, cuya custodia le fue retirada y que fueron ingresados en centros de acogida para la protección de niños y adolescentes para ser adoptados en el futuro. Desde hace ocho años, Tatiane no sabe nada de su paradero ni de en qué condiciones se encuentran.

La historia de Tatiane, al igual que la de las demás mujeres encarceladas, pone el foco sobre los males del sistema de prisiones brasileño, pero sobre todo revela cómo el encarcelamiento y el castigo perpetúan el sufrimiento más allá de la persona condenada y desestabilizan toda la dinámica familiar y la red de apoyo de las personas privadas de libertad.

La narrativa activa de la historia de vida, castigo y control de Tatiane y su capacidad de producir sentido para lo que se cuenta aquí suponen una estrategia que remite a la propia historia de castigo y control por parte del Estado y a una reflexión sobre las posibilidades de una justicia feminista antipunitivista. Se inspira en esto en Hazel V. Carby, que apunta a la necesidad de que las mujeres negras entren en la historia, contando lo que nunca se contó y volviendo a contar lo que el hombre blanco ha contado desde su mirada sesgada. En un juego de palabras, Carby habla de la apropiación de la historia *(history)* por parte de las mujeres negras reescribiendo lo que ha dicho el hombre blanco, presentando su *herstory.* Cada mujer tiene su *herstory,* que debe ser contada desde su perspectiva.

No obstante, antes de entrar en los elementos mencionados más arriba, es importante traer al debate el lugar de partida de estas narrativas, es decir, los conceptos movilizados y el enfoque utilizado en la comprensión de la historia de Tatiane y de muchas otras mujeres en situaciones parecidas de violencia. Ni que decir tiene que, en Brasil, dar sentido a la precaria condición en la que se encuentra la vida de las mujeres negras exige, inevitablemente, considerar el racismo como dispositivo central de las graves experiencias que se han dado en tierras brasileñas y sus consecuencias en los modos de castigo y control destinados a las mujeres.

Los datos sobre la realidad y la distribución de la violencia de género son naturalizados como «incidencias» dentro de las prácticas democráticas. En términos generales, el encuadre de la mirada que se concentra en las implicaciones cotidianas de la violencia punitiva no reconoce estas prácticas «naturalizadas» como marcas de violencia, toda vez que son observadas como contingencias de la vida cotidiana de las políticas estatales legitimadas.

En el caso de la relación entre la historia brasileña, las mujeres y los negros, esta imbricación en la propia concepción histórica de Brasil es más larga, permanente y profunda de lo que se suele afirmar. Este punto es bastante importante no solo para pensar la formulación de los debates sobre la violencia contra las mujeres, atravesados por las posiciones de victimización directa, sino también para analizar cómo la incidencia del poder punitivo es reafirmada por los mecanismos genocidas del actuar del Estado, así como las razones que hoy colocan a las mujeres negras como punto de partida de un feminismo que no acepta el poder punitivo como mecanismo de protección.

Esto implica tener en cuenta, como nos indica Angela Davis, que las preocupaciones por el género, la raza, la sexualidad, la nacionalidad, la capacidad, etcétera, deben estar interrelacionadas con cuestiones que casi siempre quedan fuera del contexto de análisis de la «violencia». Del mismo modo, «las guarderías, el aborto y las esterilizaciones forzosas», que por regla general presuponen reflexiones vinculadas a las luchas feministas, han de ser pensadas en conjunto desde las reivindicaciones antirracistas para tener una comprensión más amplia de cómo tales situaciones se conectan con la ausencia de servicios públicos y la precariedad de los servicios de salud y educativos, es decir, del conjunto material mínimo para la posibilidad del «buen vivir».[40]

---

40 El «buen vivir» es una expresión ampliamente defendida por los pueblos indígenas de América Latina, cuyo presupuesto no reside en la mera condición de vida, sino en cómo la experiencia de la vida solo es posible a través de la vida compartida entre animales —humanos y no humanos— y ecosistemas. Asimismo, la expresión es central en los movimientos feministas indígenas del continente americano. Véase Ana María Larrea (2010): «La disputa de sentidos por el buen vivir como proceso contrahegemónico», en *Los nuevos retos de América Latina: Socialismo y Sumak Kawsay,* Quito: Secretaría Nacional de Planificación y Desarrollo (SENPLADES), pp. 15-27.

Todos estos elementos nos animan a leer la realidad de la justicia y de lo que se pretende pensar como justicia feminista contrapunitiva, posicionada desde los cuerpos de las mujeres más afectadas por las instancias de violencia interpersonal e institucional, toda vez que no se pueden disociar estos modos de victimización. Así pues, las violencias cotidianas experimentadas por las mujeres de las capas populares, que van desde la falta de acceso a recursos hasta la violencia de género y raza, están conectadas con las violencias cometidas por los aparatos punitivos, donde el Estado asume su papel de agente principal de las prácticas racistas y machistas.

JUSTICIA, CASTIGO Y CONTROL: LAS INTERSECCIONES DE GÉNERO, RAZA Y CLASE EN LA REALIDAD DE LAS MUJERES PRESAS BRASILEÑAS Y LATINOAMERICANAS

Con dieciocho años empecé mi relación con Amilton. Ahí empecé a sufrir violencia psicológica. Y la psicológica duele más que una bofetada. Te quita la autoestima. Con diecinueve años me fui a vivir con él; estaba embarazada [de mi primer hijo]. Tendríamos que haber seguido en casa de la abuela. Hoy en día le sigo dando vueltas. Estaba eufórica y me fui. Me fui a vivir con él. Esperé a que la abuela se fuera a la reunión de los Testigos de Jehová, dejé a Fabi[41] y me fui, embarazada.

Cuando él salió de la cárcel, empezó a tener un comportamiento extraño; empezó a esnifar cocaína todo el día, sin parar, y empezó a mezclarla con alcohol. Antes de ir a la cárcel, no consumía cocaína así. Y ahí empezó la cosa, ¿no? Creía que la violencia era normal. Porque yo había vivido en un hogar así con mis padres, así que ni siquiera sabía lo que era la atención psicológica.

En 2012 fue la primera vez que me separé de él y descubrí que estaba embarazada de Dioguinho. Si se lo hubiera dicho, habría pensado que no era suyo. Es lo que pensé. No se lo dije en ese momento, ¿sabes? Si no, me habría matado. Me acogí a la Maria da Penha,[42] pero no sirvió de nada. Él llegó a romper los papeles. En 2012 el juez me pidió que volviera con él. El juez le dio una semana para mostrar los papeles del tratamiento, pero eran todos falsos.

---

41   La hija mayor de Tatiane, nacida de una relación previa.

42   La Ley Maria da Penha (Ley 11.340/06) es la ley brasileña de protección que cubre los delitos de violencia doméstica contra las mujeres y está reconocida internacionalmente como uno de los mecanismos legales más avanzados en materia de derechos y tutela de protección de las mujeres y las personas vulnerables.

Yo estaba en el Viva Maria.[43] Fue aquella asistente social la que no avisó a mi familia de dónde estaba. Dijo que tal vez lejos de la familia dejaríamos de pelearnos. Así que le llamé y volví. Si hubiera tenido un acompañamiento psicológico, habría sido muy distinto. Creo que tenía dependencia psicológica, ¿sabes?, que me llevaba a volver con él. No era amor, pero no sé lo que era.

Así que volví a vivir con él y empezó a comportarse peor que antes. Mil veces peor. Era horrible; rompía la puerta de la nevera, tiraba las cosas, enloquecido. Hubo un día que yo estaba durmiendo con los niños y me dijo que, si me dormía, me iba a echar agua fría. Y era invierno.

Entender la violencia contra las mujeres como un complejo dispositivo de pluralidades permite producir sentido y comprender la conexión entre las distintas formas de violencia, vinculadas a factores sociales y políticos (entre otros) que van amplificando los niveles de agresión sobre los cuerpos feminizados. Esta violencia resuena con lo que Silvia Federici concibe como «un estado de guerra permanente contra las mujeres», que comenzó con los movimientos históricos que posibilitaron el surgimiento del sistema capitalista. En la actualidad, la guerra permanece bajo cuatro situaciones de violencia, según la estructuración de Verónica Gago: la que implosiona los hogares; la de la organización de nuevas violencias como principio de autoridad en los barrios populares; la del saqueo de tierras y recursos comunes; y la de la explotación y la extracción vinculadas a la financiarización de la vida social.

Las modalidades de castigo vividas por Tatiane ponen de manifiesto esas violencias interconectadas, que van más allá del mero sentido de la justicia y abarcan una amplia gama de esferas no solo sociales y políticas, sino también de género y de raza. Su propio encarcelamiento reproduce el sistema de violencia contra las mujeres y los cuerpos disidentes perpetuado mediante la autoridad del Estado y de la estructura patriarcal, que busca excusas para las masculinidades violentas y culpabilización e impotencia para los cuerpos feminizados.

En este sentido, nos parece importante pensar cómo se responde a las formas complejas de violencia que atraviesan los cuerpos feminizados. Las estrategias punitivas reafirman otras modalidades de violación de los cuerpos precarizados y determinan una jerarquía sobre aquello que puede ser llamado justicia. Por eso, pensar con Tatiane la racionalidad punitiva y la compleja relación entre justicia, castigo y violencia es una discusión crucial en el contexto feminista. Para ello, intentamos pensar cómo el poder punitivo se entrelaza con la justicia penal y la criminalización y cómo se relaciona con la historia de Tatiane.

---

43 Centro de acogida para mujeres víctimas de violencia doméstica en la ciudad de Porto Alegre (Rio Grande do Sul).

El sistema penal puede ser considerado como una forma de revictimización múltiple de las mujeres. En el caso concreto de Tatiane, se percibe cómo la representación de quién es la víctima puede intensificar su condición de vulnerabilidad, toda vez que ella no solo se enfrentó a los malos tratos de su marido, no solo fue cuestionada sobre su decisión de alejarse de la violencia cuando buscó medidas de protección, no solo fue convencida por el poder judicial para que volviera a casa con su marido —aunque se sabía la violencia que sufría—, sino que también fue sometida a un juicio que la culpó de la muerte de su hijo, sin tener en cuenta los elementos contextuales y la violencia que estaban detrás de todo.

La discusión sobre la racionalidad punitiva también está relacionada con la conexión histórica entre castigo y poder. En el caso de Tatiane, las prácticas de castigo no tienen en cuenta su condición de víctima de violencia familiar y doméstica ni la sucesión de elementos que forjan su historia. Esta falta de consideración refleja la utilización histórica del castigo como herramienta política de control, remontándose a prácticas como la caza de brujas. Por lo tanto, no se trata de un mero error de procedimiento adoptado en el caso aquí narrado por Tati, sino de una condición que constituye la formación misma del poder punitivo en los Estados modernos y que perdura hasta nuestros días: la expropiación vital de los cuerpos feminizados y disidentes, con un impacto específico en la vida de las personas en contextos coloniales.

La historia de Tatiane sirve de ejemplo de muchos de los aspectos discutidos en el análisis de la racionalidad punitiva en un contexto feminista. Tatiane fue castigada por el Estado de una forma que no tuvo en cuenta su condición de víctima de la violencia, lo que pone de manifiesto cómo los modos de castigo perpetúan las desigualdades de género y son incapaces de abordar cuestiones fundamentales de desigualdad y vulnerabilidad. Y no cabía esperar otra cosa del Estado, que no se digna a proteger ni a apoyar a las mujeres negras y periféricas, ejerciendo él mismo el papel principal en la opresión y la violencia contra ellas.

Con arreglo a una perspectiva interseccional, la historia de Tatiane da Silva Santos revela la aparición de la violencia como una textura tupida que afecta a los cuerpos feminizados de maneras interconectadas y estratégicas. Su trayectoria estuvo marcada por una serie de violencias entrelazadas, abarcando diferentes formas de opresión, puede servir como ejemplo del concepto de violencia machista rediseñado por el feminismo, siempre conectado con una red de opresiones que incluye el feminicidio, la explotación económica, el racismo y la represión estatal.

Las violencias a las que se enfrentó Tatiane están moldeadas por distintas categorías sociales, como el género, la clase y la raza. Su vida estuvo marcada por abusos y agresiones no solo por parte de su marido, sino también del sistema judicial, que ni siquiera se esforzó por intentar protegerla. Su historia resalta la relación entre los cuerpos feminizados y los territorios, de tal modo que su experiencia está vinculada a la violencia colonial histórica y a la violencia contemporánea en diferentes espacios. Su búsqueda de ayuda y protección se dio en un entorno urbano típico de las periferias y en un contexto de múltiples violencias.

La dimensión colonial de la violencia resuena en la historia de Tatiane, puesto que no solo se enfrentó a la violencia física, sino también a un sentimiento de menosprecio y falta de apoyo del sistema. Su resistencia en medio de tales adversidades es, en línea con los desarrollos sobre autodefensa de Elsa Dorlin, parte de las movilizaciones masivas, las demostraciones de poder colectivo que desafían las estructuras de poder existentes. Asimismo, refleja el derrumbe de los roles tradicionales de género y su repercusión en la implosión de los hogares y en la manifestación de la violencia doméstica.

Tatiane y su vida afectada por la justicia estatal expresan cabalmente los mecanismos sociales e históricos que han fomentado el encarcelamiento masivo de mujeres en las periferias del capitalismo global desde la década de 1990. En los países del Sur, como Brasil, la imposición de políticas económicas neoliberales condujo a la expansión de un mercado de trabajo cada vez más informal y precario —como el empleo que Tatiane no podía permitirse perder si se quedaba a cuidar de su hijo.

En las periferias globales, la feminización de la pobreza[44] lleva a las mujeres trabajadoras a inventar nuevas formas de sobrevivir, como trabajar en mercados ilegales. Pero el castigo neoliberal crea sus trampas: para algunas, el propio acto de supervivencia es criminalizado. ¿Qué dice el Estado cuando decide que Tatiane no debe dejar a su hijo con su padre para mantener a la familia? ¿Qué diría el Estado si Tatiane no trabajara y se limitara a ver cómo su hijo sucumbe a otra forma de violencia: el hambre?

Poco importa la elección de Tatiane. Lo que el Estado nos comunica en este y en tantos otros casos es que, como dice Elsa Dorlin, hay *sujetos dignos de defenderse*, hay *sujetos dignos de justicia* y hay *cuerpos acorralados*, que merecen más si cabe la condena a muerte cuanto más luchan por (sobre)vivir. Y aquí reside tanto el objetivo como la consecuencia del encarcelamiento de mujeres y niñas en todo el mundo: la aniquilación de quienes no merecen sobrevivir ni luchar por la supervivencia de los suyos; de aquellas para las que el significado de la justicia es privación, venganza y revictimización.

Así pues, pensar en las posiciones de «víctima y victimario» como elementos diferenciados es reducirse a la lógica de la agenda estatal de la justicia, en la que, por un lado,

---

44 Concepto utilizado por primera vez por la socióloga estadounidense Diane Pearce, con la intención de describir una tendencia creciente en Estados Unidos «de aumento de la proporción de mujeres entre los pobres y también del crecimiento entre los pobres del número de individuos en hogares encabezados por mujeres, que tuvo lugar entre principios de la década de los cincuenta y mediados de la década de los setenta»; véase Joana Simões Costa, Luana Pinheiro, Marcelo Medeiros y Cristina Queiroz (2005): *A Face Feminina da Pobreza: Sobre-Representação e Feminização da Pobreza no Brasil*, Texto para Discussão, núm. 1137, Brasilia: Instituto de Pesquisa Econômica Aplicada (IPEA).

están quienes sufren la violencia producida por agresores perfectamente identificados, que encajan en la figura de la víctima legítima y que pueden ser reconocidos de esta manera, y, por otro lado, están quienes no merecen que sus experiencias sean reconocidas como episodios de sufrimiento y violencia. Por lo tanto, deben ser objeto de la acción del Estado, el control y el castigo.

¿JUSTICIA PARA QUIÉN? VÍCTIMA NO

> Tuve una [vista] el 27 de abril de 2012. Fue el 27 de abril de 2012 y hasta el juez me pidió que volviera con él. Le dio una semana para mostrar sus papeles, de todos los problemas de salud que tenía; todo eran mentiras sobre los medicamentos que estaba tomando. Después de esto hubo cuatro órdenes de alejamiento.

Los contactos con la justicia marcaron la vida de Tatiane y le afectaron de manera decisiva. Antes de su detención, Tatiane ya había estado ante un juez en un juicio como víctima de violencia doméstica. En más de una ocasión, Tatiane había obtenido una orden de alejamiento (una herramienta legal para proteger a las mujeres y restringir el derecho del agresor a acercarse a la víctima) contra Amilton.

La indicación del juez de que retomara su relación con Amilton demuestra cómo el sistema judicial es incapaz de contener problemas estructurales como la violencia de género y cómo, por añadidura, perpetúa violencias al objeto de producir y reproducir constantemente estereotipos de género, maternidad y familia, basados en preceptos moralizadores que perpetúan la lógica de la manutención familiar. Juzga a la mujer por cualquier actitud que subvierta esta lógica e intenta disciplinarla para que sea una «buena mujer y esposa», llegando incluso, como en el caso de Tatiane, a apartarla de su familia para que el matrimonio prospere.

Un juez le aconsejó que retomara la convivencia con su agresor. Otro la culpó de ser una madre mala y estar ausente, y sentenció que, por ese motivo, había conducido a su mismo agresor a matar al hijo de ambos. Con independencia del juez o de en qué condiciones se encontraba Tatiane, ya sea como víctima o acusada, parece como si, a ojos de la justicia y de la sociedad, ya hubiera nacido culpable.

Amilton estaba enganchado a la cocaína y, como en la gran mayoría de los casos, para mantener su adicción empezó a vender *crack* y cánnabis. Tatiane nunca dejó de trabajar para mantener a la familia. Tras su entrada en prisión por tráfico de drogas, Amilton se volvió más agresivo, como consecuencia evidente del encarcelamiento. Tatiane, aunque acogida en Casa Viva Maria con sus hijos, seguía siendo perseguida por su agresor. En consonancia con el ciclo típico de mujeres en situación de violencia doméstica, Tatiane volvió con su agresor un tiempo después. El encuentro para este arreglo tuvo lugar en el tribunal de justicia, que ella consideraba un lugar seguro. No le dijo a su familia que volvían a vivir juntos; tampoco lo hizo la trabajadora social, que visitaba periódicamente su nuevo hogar. La trabajadora social incluso llegó a sugerir que, tal vez, la pareja podría reconciliarse lejos de todo el mundo.

Se reconciliaron. Volvieron a vivir juntos. Unas semanas más tarde, Diogo fue asesinado. El Estado convenció a Tatiane para que volviera con su agresor y no dudó de que ella era la culpable de la muerte de su hijo. Simplemente, una tarde volvió a casa del trabajo y, después de esa tarde, los tribunales nunca dejaron que Tatiane volviera a ver a sus otros hijos.

¿JUSTICIA DE QUIÉN? CULPABLE SÍ

Después de lo que pasó, fui al IML[45] esa misma mañana. No entiendo a la gente. Porque me juzgaron mucho por mis lágrimas, pero nadie estaba en el hospital para verme, nadie estuvo conmigo todo el tiempo, salvo Dios. Eso me dolió mucho. En el hospital mi madre me dijo que era un monstruo.

Me quedé todo el día en el IML. Después, por la tarde, me fui a un albergue. No podía ir a casa por culpa de la comunidad. Era incapaz de saber lo que estaba haciendo, en ese momento pensé que era la única salida. Me quedé allí hasta que me detuvieron.

Cuando llegué al Madre,[46] llevaba una semana en el IPF,[47] atada a aquella cama. Estaba colgada de medicamentos, más una inyección de caballo que me pusieron. Fui al Madre, pero no me dejaron quedarme; mi abuela no sabía dónde estaba.

Hubo un tiempo en el que yo era no rebelde, sino que... estaba furiosa, ¿no? Porque no entendía por qué estaba allí. Amilton es un acusado confeso. Lo confesó con sus propias palabras: «Lo hice mientras ella estaba en el trabajo». Es algo que no entiendo. Si no hubiera sido por la tía Neide, mira, yo no estaría en el Madre, estaría en Guaíba.[48]

Allí dentro las mujeres sufrimos mucha injusticia. Se olvidan de nosotras. Es humillante. Con la comida, nos dejan la olla en el suelo para que la recojamos como si fuéramos animales.

---

45 El Instituto Médico Legal (IML) es el lugar en el que se realizan las pruebas forenses en los casos de violencia denunciados a la policía.

46 Penitenciaría Estatal de Mujeres Madre Pelletier, que se encuentra en Porto Alegre (Rio Grande do Sul).

47 Instituto Psiquiátrico Forense (IPF).

48 Tatiane se refiere aquí a la Penitenciaría Estatal de Mujeres de Guaíba, en la región metropolitana de Porto Alegre, un lugar en el que son privadas de libertad las mujeres que muestran un mal comportamiento. Esta prisión es conocida porque en ella se cometen graves violaciones de derechos.

La memoria de las situaciones vividas en la cárcel pone de manifiesto las distintas violaciones de derechos a las que se enfrentan las mujeres encarceladas en los sistemas de justicia penal. Más allá de su encarcelamiento, las mujeres sufren por las injusticias y el abandono del propio Estado, que, en un primer momento, las trata de forma inhumana y más tarde olvida la constante necesidad de asegurar sus derechos.

Estas violaciones comienzan con la separación de las mujeres encarceladas de su núcleo familiar y de sus relaciones sociales, y pasan por las innumerables atrocidades vividas por ellas antes, durante y después del periodo carcelario. Con el subterfugio y el pretexto de «ayudarlas» a soportar el encarcelamiento, el sistema penal inyecta a las mujeres medicamentos que las alejan de la realidad y las vuelven más indiferentes, durante un tiempo, a las violaciones que sufren.

Cuando estuvo presa, Tatiane pasó un periodo en el Instituto Psiquiátrico Forense, lugar en el que sufrió graves crisis que tuvieron como resultado un uso excesivo de medicamentos que, según sus propias palabras, la dejaban «colgada» con dosis superiores a lo necesario. Esta práctica es cotidiana en el proceso de encarcelamiento de las mujeres, puesto que muchas de ellas necesitan ser «tratadas», «domadas», «dopadas» antes de ser enviadas, temporal o permanentemente, al sistema de prisiones.

Asimismo, el encarcelamiento impone padecimientos que van más allá de la persona condenada y que tienen un impacto en toda la red de apoyo de la persona presa. Esa red de apoyo está compuesta en su mayor parte por mujeres, que se enfrentan a distintos retos para conseguir apoyo financiero, alimentario y psicológico para sus seres queridos dentro de la prisión. Es habitual que la cola de cualquier centro penitenciario para hombres en países como Brasil esté llena de mujeres que llevan a sus parejas, hijos o padres las llamadas «bolsas» con comida, ropa, medicinas y demás artículos. En muchos aspectos, la red de apoyo de la persona encarcelada cumple las funciones propias del Estado cuando se trata de proporcionar a esa persona lo que necesita en prisión.

No obstante, por regla general, en el caso de las mujeres presas, aunque su red de apoyo esté formada por sus madres, abuelas e hijas, reciben muchas menos visitas que los hombres. La consecuencia es una precariedad de recursos y un abandono afectivo.

A diferencia de lo que sucede con muchas de sus compañeras de prisión, Tatiane no sufrió el abandono emocional de su familia y, en la medida de lo posible, consiguió alimentos, material de higiene y cubrir otras necesidades con lo que le llevaban su abuela Vera y su hija Fabi. Sin embargo, esto cambió con la crisis sanitaria mundial del covid-19, que agravó el ya declarado «estado inconstitucional»[49] del sistema carcelario brasileño.

---

49 Supremo Tribunal Federal de Brasil, «Reclamación de Incumplimiento de Precepto Fundamental», núm. 347/DF, 2015, disponible en http://redir.stf.jus.br/paginadorpub/paginador.jsp?docTP=TP&docID=10300665

Con la pandemia, se impuso la necesidad del aislamiento social. Como directrices de prevención para el sistema carcelario y socioeducativo, se publicó la Recomendación núm. 62 del Consejo Nacional de Justicia (CNJ),[50] encargado de tomar medidas sanitarias para estos espacios. Se estipuló la prohibición de visitas y solo se contemplaba la posibilidad de contacto telefónico con los familiares. Con el tiempo, se volvió a las visitas humanizadas a cierta distancia entre el preso y el visitante. Tatiane y la abuela Vera sufrieron la falta de visitas y, cuando estas se reanudaron, la distancia impuesta les impedía conversar debido a las dificultades auditivas de la abuela.

Los familiares de las personas privadas de libertad sufren un proceso de aprisionamiento secundario, en términos de Megan Comfort (2008),[51] ocupando el *continuum* entre dentro y fuera de las prisiones: pasan de la violencia en las calles a manos de la policía a la violencia en las instituciones con la utilización de prácticas como los registros vejatorios,[52] y posteriormente las dificultades para conseguir trabajo y el prejuicio padecido por tener un familiar en el sistema carcelario.

A este respecto, Tatiane relata la fuerza de su abuela Vera, en especial en lo que atañe al trato hacia ella de los guardias de la prisión. A su abuela nunca le faltaron al respeto, dice Tatiane, porque ella no se callaba y, con su voz activa, se ganó el respeto de los guardias de la prisión.

La tasa de reclusión de mujeres en Brasil aumentó en casi un 600 por cien entre 2000 y 2016 (DEPEN, 2018),[53] fruto de una política de encarcelamiento masivo que selecciona, sobre todo, a la población pobre y negra, especialmente a las mujeres empobrecidas, cuyo recurso a actividades de comercio ilegal son salidas estratégicas. Asimismo, el 74 por cien de las mujeres privadas de libertad son madres (DEPEN, 2018). Ese dato es más alarmante si tenemos en cuenta los efectos de la cárcel en la vida de los hijos e hijas de estas mujeres que están bajo la custodia del Estado. ¿Y cómo se responsabiliza el Estado de esos niños?

---

50   Conselho Nacional de Justicia (2020): «Recomendación», núm. 62, 17 de marzo, disponible en https://atos.cnj. jus.br/files/original160026202003305e82179a4943a.pdf y se puede descargar en https://atos.cnj.jus.br/atos/detalhar/3246

51   Megan Comfort (2008): *Doing time together: love and family in the shadow of the prison*, Chicago: The University of Chicago Press.

52   Se trata de un registro íntimo personal en el que la mujer que es cacheada se desnuda y el cacheador puede tocarla. En Brasil es habitual que las mujeres se pongan de cuclillas para que se pueda verificar que no hay nada ilegal en sus partes íntimas. Aunque no haya tocamientos, desnudarse se considera de por sí vejatorio (Yuri Frederico Dutra, 2008: *«Como se estivesse morrendo»: A prisão e a revista íntima em familiares de reclusos em Florianópolis*, 193f, programa de máster en Derecho, Universidade Federal de Santa Catarina, disponible en https://repositorio.ufsc.br/handle/123456789/91282).

53   Departamento Penitenciário Nacional (DEPEN). Levantamento Nacional de Informações Penitenciárias: INFOPEN mulheres. Ministério da Justiça e Segurança Pública. Brasilia, 2018.

¿JUSTICIA? LO QUE QUEDA DE LA VIOLENCIA

Recibí el… ¿cómo se llama? Fue llegar y ya me los habían quitado. Tengo los papeles ahí, cuando me condenaron en noviembre de 2016, el 18, al día siguiente, el 19, mis hijos ya estaban a punto de…, ya estaba todo arreglado, todo montado. Eh, eso es algo que pasa hoy, no se me olvida. No me enteré de nada. No. Sé que perdí.

Y hoy en día lo que más me come la cabeza es que ellos no quieran saber nada de mí, pensando que nunca fui a por ellos. Eso es lo que duele.

El relato de Tatiane corrobora los estudios que señalan las intersecciones entre el sistema de justicia penal y los tribunales de menores, ya que, cuando la madre es encarcelada, los niños suelen ser enviados a centros de acogida o quedan al cuidado de otras parientes mujeres, que ya están sobrecargadas por sus propias condiciones precarias. Muchos son remitidos a adopción o permanecen en el sistema hasta que cumplen dieciocho años.

El sufrimiento más profundo que se inflige a las madres privadas de libertad y a sus hijos puede sentirse en las palabras de Tatiane. El alejamiento de los hijos de una madre es una forma de tortura impuesta por el Estado que provoca sufrimiento no solo a las reclusas, sino también a sus hijos. De este modo, vuelve a imponerse la pregunta: ¿Quién es responsable de la omisión y de la tortura?

LA AUTODEFENSA FEMINISTA COMO FORMA DE PRODUCIR RESISTENCIA: LAS REDES DE APOYO A LAS MUJERES DENTRO Y FUERA DE LAS PRISIONES

Cuando llegué a la Madre [Pelletier], pregunté: «Funcionaria, si es tan amable, ¿dónde me va a poner usted?». Y ella me dijo: «Te voy a poner con alguien que tampoco sabemos por qué está presa».

La tía Neide me ha acompañado desde que llegué. Llegué casi a la hora de la cena. Entonces ella calentó su cena para dármela. A partir de ahí, le tengo mucho cariño. Cuando me iba a bañar, me peinaba así… Dolía, lloraba, porque tenía mucha leche. Me peinaba y me ponía la toalla con agua caliente. Me cuidó mucho. Es mi madre de corazón, aún hoy sigue cuidándome.

Patricia Hill Collins hace hincapié en que «las mujeres negras y otros grupos históricamente oprimidos intentan encontrar formas de escapar, sobrevivir u oponerse a la injusticia social y económica imperante» y, a través de esa estrategia de resistencia, «el pensamiento social y político afroamericano analiza el racismo institucionalizado no para ayudar a que funcione de forma más eficaz, sino para oponerle resistencia».

No es una coincidencia que se denuncie que la cárcel es la mayor expresión de racismo en Brasil, pero el racismo de Estado comienza mucho antes del castigo, especialmente en lo que respecta a las mujeres negras. No solo por el número de personas negras encarceladas —hombres y mujeres—, sino también por el número de jóvenes negros asesinados.

A lo largo de su vida, Tatiane desarrolló estrategias de supervivencia y resistencia apoyándose en la fuerza y la resistencia de otras mujeres que compartieron su existencia. En su infancia, su abuela fue la mujer que la sacó de una situación de abandono y violencia, en la que su padre pegaba a su madre y esta, a su vez, pegaba a Tatiane. Ella cuenta que fue feliz mientras estaba en casa de su abuela, que, además de criar a Tatiane, a sus otros hermanos y primos, también se ocupó de criar y cuidar a la hija mayor de Tatiane, Fabi.

En los espacios por los que pasó, Tatiane entró en contacto con distintas mujeres que de algún modo constituyeron un punto de apoyo y resistencia, toda vez que estas personas garantizaron, en la medida de sus posibilidades, su protección dentro y fuera de la cárcel. Tuvo que apoyarse en otras mujeres para aguantar las violaciones sistemáticas de derechos impuestas por la prisión y para seguir viva con la dolorosa pérdida de un hijo y la pérdida de la custodia de los otros dos.

Al entrar por primera vez en el centro penitenciario Madre Pelletier, las mismas agentes penitenciarias aseguraron que no entendían por qué se acusaba a Tatiane. ¿Cómo podían penalizar aún más a una madre que ya estaba pasando por el peor de los sufrimientos? Por un azar del destino o por decisión de las funcionarias del lugar, Tatiane compartió celda con quien desempeñaría un papel crucial para que llegara a sobrevivir en aquel lugar.

Tía Neide se ocupó de Tatiane y le ofreció escucha, le dio consejos y creó un vínculo con ella sin juzgarla, algo habitual entre las mujeres encarceladas, que se ayudan y apoyan mutuamente sin importarles demasiado el tipo de acto cometido por cada una. Aun encontrándose en el lugar más terrible y estando sometida a violencia de varios tipos, Tatiane creó vínculos. Estudió y trabajó en la penitenciaría, estimulada por las propias funcionarias del centro penitenciario. En distintas ocasiones también se rebeló, luchó y nunca aceptó la realidad impuesta. La rebeldía es inseparable de la experiencia carcelaria y es imposible permanecer indiferente ante tantas injusticias. La falta de rebeldía es síntoma de aceptación, que es el objetivo oculto dentro del funcionamiento de las instituciones totales, a saber, el disciplinamiento de los cuerpos. Tatiane nunca aceptó las violencias interconectadas que atravesaban y atraviesan su realidad; la *rebelión* es una forma de autodefensa que puede manifestarse de distintas maneras, desde el grito hasta el llanto.

Para resistir a la brutalidad de la cárcel, Tatiane construyó, al igual que muchas otras mujeres brasileñas y latinoamericanas privadas de libertad, *redes de apoyo y afecto femenino dentro y fuera de los centros penitenciarios,* una estrategia de supervivencia para las mujeres privadas de libertad que les garantiza el mínimo de dignidad posible dentro de las aniquiladoras celdas de las prisiones. Su abuela Vera y su hija Fabi nunca dejaron de visitar a Tatiane, de llevarle la «bolsa» con alimentos y objetos que son caros en el «mercado» interno del sistema penitenciario.

Cuando Tatiane está en semilibertad, el régimen en el que se encuentra actualmente, realiza trabajos remunerados e intenta ayudar a su abuela siempre que puede. En el centro penitenciario aprendió actividades con sus compañeras que podían generarle ingresos, como costura y ganchillo, entre otras. En ese espacio de privación de tantas cosas, también construyó afectos y tuvo algunas relaciones, y amó profundamente a algunas de las mujeres que estaban allí.

Tatiane siempre luchó e intentó que se escuchara su historia. Llamó a la *promotora de justiça,* que estaba de visita en el centro penitenciario. Pidió ayuda y expresó con su voz activa la gran injusticia cometida por el sistema de justicia penal. Así fue como su historia llegó a oídos de Camila Belinaso, hoy miembro y cofundadora del Coletivo Território em Justiça Social. Junto a otras compañeras, empezó a visitar asiduamente a Tatiane y a ejercer de red de apoyo entre *fuera y dentro de las prisiones.* El lazo establecido con Camila hizo que la historia de Tatiane llegara a la ONG argentina Xumek, especializada en la defensa de los derechos humanos. Esta ONG presentó ante la Comisión Interamericana de Derechos Humanos el caso de Tatiane y sus hijos y denunció la actuación del Estado brasileño. Dicho de otra manera, Tatiane, a través de otras mujeres de entornos totalmente diferentes, ha hecho oír su voz en lugares que nunca había podido imaginar. Así, en un incansable trabajo de contar una y otra vez su historia a distintas mujeres, distribuyendo su angustia y afirmando su experiencia, Tatiane *sumó mujeres a su lucha,* porque la injusticia y el castigo que se le impusieron reverberan en castigo para todas las mujeres, lo cual convierte la lucha de Tatiane en una lucha colectiva.

En Facebook, la campaña Liberdade para Tatiane comenzó después de las visitas al Centro Penitenciario Madre Pelletier, la prisión en la que Tatiane cumplía condena. Los amigos podían visitarla los últimos sábados de cada mes, tras sacarse una tarjeta de visita en el propio centro. La campaña fue una de las formas de dar a conocer el caso.[54] Se realizaron numerosas visitas y se atendió a las necesidades más básicas, como productos de higiene, ropa y comida. En aquel momento, las visitantes eran estudiantes y tenían pocos recursos, así que organizaron una colecta para comprar esos artículos y comida mensualmente. Estas acciones fueron fundamentales para que Tatiane y su familia pudieran soportar la cárcel de manera menos inhumana, con un mínimo de asistencia y solidaridad, para que hubiera esperanza para cuando saliera de prisión.

Asimismo, los sueños de Tatiane son soñados y compartidos por todas nosotras. El deseo de libertad, de volver a ver a sus hijos, de dar consuelo a su familia, de vivir en un mundo en el que ser lo que una es no merezca condena, en un mundo en el que no existan las cárceles, en el que las mujeres y las disidentes no sean criminalizadas y violadas por dotar de sentido a otros modos de vida. Tatiane dice que algún día quiere tener una panadería. Nosotras soñamos juntas contra el castigo, contra la criminalización, por la vida sin violencia, del mismo modo que soñamos con la panadería, porque soñar y establecer redes de resistencia es hacer posible la autodefensa feminista, contra la tortura, contra la omisión, dando paso a modos de justicia transformadora fuera de los dispositivos punitivos de la agenda estatal. Soñar y luchar juntas es crear justicia feminista en el tiempo presente.

---

54 Algunas noticias publicadas sobre el caso Tatiane: Sílvia Lisboa e Letícia González (2018): «Justiça machista: brasileiras são condenadas pelo crime e pelo gênero», en *Revista Galileu,* 1 de marzo, disponible en https://revistagalileu.globo.com/Sociedade/noticia/2018/03/justica-machista-brasileiras-sao-condenadas-pelo-crime-e-pelo-genero.html; Marie Declercq (2017): «Tatiane da Silva Santos, mais uma mulher negra comum», en *Vice,* 20 de octubre, disponible en https://www.vice.com/pt/article/7x4pnq/tatiane-da-silva-santos-mais-uma-mulher-negra-comum; Sílvia Lisboa (2018): «Caso de brasileira condenada a 24 anos de prisão é denunciado no exterior», en *Revista Galileu,* 12 de agosto, disponible en https://revistagalileu.globo.com/Sociedade/noticia/2018/08/caso-de-brasileira-condenada-24-anos-de-prisao-e-denunciado-no-exterior.html; Sílvia Lisboa (2018): «Caso de Tatiane da Silva Santos condenada a 24 anos de prisão é denunciado na Comissão Interamericana de Direitos Humanos», en *Portal Geledés,* 26 de agosto, disponible en https://www.geledes.org.br/caso-de-tatiane-da-silva-santos-condenada-24-anos-de-prisao-e-denunciado-na-comissao-interamericana-de-direitos-humanos/

4. LA GUERRA DESDE ABAJO Y NUESTRA LUCHA CONTRA EL ESTADO PUNITIVO

MUJERES DE FRENTE
LA LABORATORIA QUITO

INTRODUCCIÓN

La invitación a escribir sobre lo que nos sucede, sobre lo que hoy está sucediendo en Ecuador, crecientemente asolado por la «guerra contra las drogas», nos ha servido para volver a pensar el Estado punitivo, la manera en la que sus instituciones nos atraviesan y las violencias que en esa colisión se generan.[55] Para ello, en un ejercicio de diálogo colectivo entre mujeres diversas, nos hemos convocado como Mujeres de Frente junto con otras compañeras de La Laboratoria en Ecuador[56] en cuatro talleres

---

55 En un clima de fuerte inestabilidad sociopolítica, los últimos Gobiernos, incluido el actual del empresario bananero Daniel Noboa, han ido escalando una estrategia bélica asociada al narcotráfico cuyo resultado no solo está acrecentando la ofensiva racista contra los jóvenes más desposeídos sin ofrecer soluciones alternativas, sino que ha ido ocultando las imbricaciones que la llamada economía criminal mantiene con los grupos del poder nacionales e internacionales y sus aparatos políticos y judiciales. Los estados de excepción se suceden y la declaración de «conflicto armado interno» en enero de 2024 ha ido acompañada de medidas que dotan de mayor poder a los militares. Esto no ha frenado la operativa criminal, pero sí ha legitimado la represión y el ataque a los derechos humanos, especialmente de personas privadas de libertad y activistas sociales. El avance del capitalismo extractivista encuentra en estas coordenadas un escenario ventajoso. Para profundizar más se puede consultar https://www.pikaramagazine.com/2024/01/se-criminaliza-y-encarcela-a-las-personas-de-sectores-populares-porque-es-la-logica-de-la-guerra-en-ecuador/

56 El nodo Ecuador de La Laboratoria está compuesto por la comunidad de cooperación, cuidado e investigación activista anticarcelaria Mujeres de Frente (https://mujeresdefrente.org/) y otras compañeras afines. *(N. de la E.)*.

para conversar y poder construir una voz de base antipenitenciaria y, más ampliamente, contra el Estado punitivo y el castigo característico del orden patriarcal. En cada uno de estos encuentros hemos buscado dar respuesta, desde nuestros conocimientos y vivencias, a tres preguntas clave: ¿cómo se ha transformado el Estado punitivo?, ¿cómo nos afecta la violencia en el día a día en los territorios que habitamos? y, la más importante, ¿cómo respondemos ante esta situación? Así, hemos tejido este texto de manera situada buscando descifrar la opacidad de la violencia que cada día está permeando nuestras vidas.

La experiencia de Mujeres de Frente siempre ha apuntado a desmantelar las dinámicas punitivas del Estado. Sabemos que la persecución en las calles y el encarcelamiento han sido históricamente estrategias persistentes para someter a las poblaciones empobrecidas. Quienes habitamos en la economía popular, en trabajos informales e ilegales (entre los que se incluye el microtráfico), hemos sufrido el constante acoso y racismo no solo de la policía, sino del sistema de justicia, del educativo, del de salud y, en general, de unas instituciones que nos miran con desprecio, presumen nuestra culpabilidad y refuerzan el castigo legitimando nuestra criminalización.

A lo largo de nuestra trayectoria hemos denunciado las maneras en las que esta dinámica afecta a las mujeres, condenándonos de mil formas y precarizando, aún más si cabe, la vida de las familias a nuestro cargo. Hemos señalado el clasismo de un Estado que criminaliza a los varones empobrecidos y racializados, al tiempo que deja impunes a los responsables de nuestro empobrecimiento: aquellos que explotan el trabajo y la naturaleza y se apropian de la riqueza de formas ilegales socialmente aceptadas o legalizadas *ad hoc* por un sistema judicial que se construye como su aliado. Hemos discutido también con los feminismos, visibilizando los vínculos existentes entre la violencia de género, el feminicidio y las dinámicas que criminalizan a los más pobres y asolan los territorios. En estos diálogos afirmamos la necesidad de producir un pensamiento interseccional en clave de género, pero también antirracista y de clase.

La relación entre desposesión y criminalización no es nueva, como tampoco lo es el racismo que atraviesa las cárceles y los barrios populares. Sin embargo, la ola de violencia que actualmente vive el país apunta a un cambio de escala en el que se están instalando dinámicas letales aún difíciles de descifrar.

Lo que a continuación compartimos son las reflexiones surgidas en estos cuatro talleres de conversa colectiva en torno a las preguntas que nos han servido de guía. Los extractos que incluimos a lo largo del texto pertenecen a intervenciones de las participantes, producidas en el seno de los talleres. A su escritura siguió un proceso de lectura colectiva que dio forma a la versión que ahora llega a vuestras manos.

¿CUÁLES SON LAS NUEVAS DINÁMICAS PUNITIVAS? ¿CÓMO SE EXPRESAN? ¿HACIA QUIÉNES SE DIRIGEN?

Pensamos el punitivismo desde una mirada amplia que se configura dentro del sistema penitenciario a la par que lo desborda. En este sentido, sostenemos que existe una relación directa entre el control, la violencia y las masacres que suceden en el interior de las cárceles de Ecuador y las políticas que se despliegan en los barrios periféricos. El punitivismo no es solo el acto de encarcelar, permea también en el impacto que este tiene en las familias de los presos y en el miedo que se instala en los barrios populares. Se materializa en la extorsión y criminalización de las economías populares, que acorrala y despoja a las poblaciones empobrecidas de los recursos para producir la vida.

Además del impacto de la militarización y el control policial, las dinámicas punitivas se expresan con la presencia y accionar violento de grupos criminales que, nuevamente, ejercen su influencia principalmente en espacios donde el terror que instauran cumple una clara función de control social.

> Ahora, con las nuevas bandas, no hay humanidad, ya sean ecuatorianos o extranjeros. Antes no salía tanto que mataran a alguien en la cárcel, pero ahora matan a diestra y siniestra, forjando miedo, porque no es solo eso, sino también la corrupción de la policía, sino que también está la gente en lugares más altos, como el Gobierno. Las personas humildes a veces se meten en las bandas por necesidad, porque si no hay trabajo tienen que meterse.
>
> Adriana Tobar

Desde esta mirada sobre el punitivismo que proponemos resulta imprescindible comprender el vínculo de las economías criminales nacionales y transnacionales con el Estado para dilucidar el modo en que ambas gobiernan la sociedad. En este sentido, es fundamental dejar de pensar estos dos actores de manera aislada para comenzar a evidenciar las prácticas violentas del Estado y su imbricación con las economías criminales.

En febrero del 2021 tuvo lugar en Ecuador la primera masacre carcelaria acontecida de manera casi simultánea en tres prisiones: 79 personas fueron asesinadas.[57] Poco más de dos años después, en julio del 2023, la articulación de un movimiento de respuesta en trece cárceles de diferentes provincias frente a la amenaza de traslados masivos se

---

57 Para comprender mejor el origen de estas masacres, frente a la narrativa institucional, que se limita a señalar como responsables a las organizaciones criminales, se puede consultar esta entrevista a Andrea Aguirre, cofundadora de Mujeres de Frente: https://laperiodica.net/como-entender-la-masacre-del-23-de-febrero-en-las-carceles-ecuatorianas/

saldó con 31 asesinatos. Entre ambas fechas, cerca de quinientas personas han sido asesinadas dentro del sistema penitenciario, institución a la que precisamente se le presuponen las más altas cotas de control estatal. Nadie ha asumido la responsabilidad por estas muertes.

En paralelo a esta sucesión de masacres carcelarias, el control territorial de diferentes grupos criminales vinculados al narcotráfico y otras actividades afines (sicariato, lavado de activos, etcétera) se ha ido extendiendo por el país, desplegando a su paso prácticas de extorsión a diversos sectores económicos y expandiendo distintas formas de violencia (bombas, asesinatos, matanzas...) principalmente en barrios periféricos en una lucha por el control del negocio y de los territorios. En enero del 2024, el presidente Daniel Noboa decretó el «conflicto armado interno», profundizando así la militarización del país, sobre todo en los barrios periféricos y las cárceles. La situación actual de las personas privadas de libertad es alarmante, y se atestiguan diversos tipos de tortura y muertes provocadas por las fuerzas militares.

En este contexto se enmarcan también los asesinatos que se han venido sucediendo durante 2023 de candidatos a cargos municipales de diversas provincias, así como el magnicidio del candidato a la presidencia Fernando Villavicencio. El Estado ecuatoriano ha respondido a esta espiral de violencia con grandes inversiones en seguridad, armas y el establecimiento de alianzas con países que asesoran e intervienen en la llamada «guerra contra el narcotráfico».[58] El Gobierno entrante de Daniel Noboa ha consolidado esta estrategia belicista con el anuncio de la construcción de dos cárceles de máxima seguridad.

El discurso oficial del Estado se ha centrado todo este tiempo en señalar la responsabilidad del narcotráfico en el aumento de la violencia en el país y ha apostado por la producción de un enemigo interno, encarnado principalmente en jóvenes hombres racializados que son reclutados y armados por los grupos criminales. Esta tendencia se agudizó con la declaración de un «conflicto armado interno» en enero de 2024, emitida por el presidente Daniel Noboa. Queda así consolidada una respuesta estatal centrada en la militarización de las ciudades y las prisiones, el control del tránsito ciudadano en el espacio público y el recurso al estado de excepción. De esta forma se va instalando un nuevo orden social que toma al terror como eje de gobierno, convierte la violencia en cotidianeidad, opera como un dispositivo de control que inmoviliza y silencia a las personas de los sectores populares.

En donde yo vendo vinieron los militares, se pusieron como locos a revisar unos puestos y nosotras, como tenemos la sandía, la piña, tenemos

---

58   El expresidente de Ecuador, Guillermo Lasso, ha firmado una serie de acuerdos de cooperación militar con países como Israel o Estados Unidos que incluyen suministro de armas, intercambio de estrategias militares e incluso la posibilidad de operaciones conjuntas. El actual presidente, Daniel Noboa, ha ratificado estos acuerdos.

cuchillos para pelar y vinieron bravísimos a quitarnos los cuchillos, que es un delito. Yo les dije que por qué si es para mi trabajo, yo con esto corto la piña, la sandía.

Mariana Collaguazo

Nuestra compañera Elizabeth Pino denomina como *guerra desde abajo* las formas de violencia que se concentran en los escalones más bajos de la economía criminal e impactan, principalmente, en las poblaciones racializadas y empobrecidas. Mientras las calles de los barrios populares se militarizan, los jóvenes afroecuatorianos son víctimas de actuaciones racistas por parte de las fuerzas de seguridad, que con la requisa de armas justifican las amenazas y golpes vertidos sobre sus cuerpos. Las bandas criminales han experimentado un crecimiento exponencial, así como la presencia de armas en las calles y prisiones. Resulta difícil señalar el origen de esas armas, pero las políticas del Estado para flexibilizar el porte de armas no solo legalizando su uso, sino también reduciendo los impuestos para su compra, resultan más que evidentes.

No tenemos dudas sobre lo que ocurre «abajo», pero la gran opacidad que impregna «los poderes» nos dificulta descifrar la «guerra desde arriba», para poder identificar con claridad dónde están las conexiones, quiénes dan las órdenes y quiénes se están beneficiando de esta guerra. Por eso nos parece importante sostener la división entre una «guerra de abajo», la que opera en los territorios empobrecidos y cuyas acciones revierten en los cuerpos racializados, en las mujeres y en nuestras comunidades, y la esfera del poder «desde arriba», que imbrica al Estado y a unas cúpulas económicas a las que no alcanzamos a poner nombre.

La policía, ellos también tienen terror. La policía solo entre comillas va a mover o va a matar a un delincuente que ni siquiera puede ser lobo o chonero. Y dicen que están haciendo el trabajo bien, pero es mentira. Pero el de las noticias no dice que tal persona pertenece a los lobos o a los choneros, no, ellos eran solamente unos delincuentes que estaban robando. Yo creo que todo esto viene de arriba… Hemos visto cuántos coroneles activos están metidos en el narcotráfico, cuántos generales, cuántos políticos.

Mariana Collaguazo

La «guerra desde abajo» avanza alcanzando niveles desconocidos hasta ahora para la población ecuatoriana: el aumento vertiginoso de los homicidios, la proliferación de nuevas técnicas y tecnologías de muerte y los desplazamientos y migraciones forzadas de familias a causa de las amenazas recibidas o el miedo a que sus hijos adolescentes sean reclutados por las organizaciones criminales. En territorios donde el arraigo a la tierra es fuerte, el avance del miedo y las pedagogías de la crueldad parecen estar ganando la partida, y fuerzan a los sectores populares a abandonar tierras y vínculos afectivos, lo cual favorece el acaparamiento de tierras y el extractivismo.

Pensar en esta guerra impuesta «desde arriba» nos resulta más complicado, si bien nos atrevemos a intentar establecer algunas conexiones. Por un lado, cada día resulta más evidente la operatividad del narcoestado, es decir, la convivencia y responsabilidad del Estado en los operativos violentos, el tráfico de drogas y las masacres carcelarias. Resulta ineludible pensar, también, en la connivencia de las políticas estatales y la proliferación del uso de armas en los barrios periféricos. No somos las únicas voces que reconocen estos vínculos: hace poco más de un año, la prensa se hacía eco de las conexiones e influencia de la «mafia albanesa» —un grupo narcotraficante y criminal— con el expresidente Guillermo Lasso.[59] En definitiva, a la hora de pensar en esa «guerra impuesta desde arriba» los poderes se enmarañan y las fronteras se tornan difusas.

¿CÓMO AFECTAN LAS DINÁMICAS DEL ESTADO PUNITIVO A NUESTRA COTIDIANIDAD? ¿CÓMO IMPACTAN SOBRE NUESTRAS RELACIONES FAMILIARES Y COMUNITARIAS?

La lógica de la guerra instalada en Ecuador, por más abstracta que pueda resultar en apariencia, tiene consecuencias muy concretas sobre la vida y el cotidiano de los sectores populares. Su efecto más inmediato es el *resquebrajamiento del frágil tejido social existente:* los liderazgos y las redes barriales, los modelos de autoridad y reconocimiento en las familias (entre mujeres y hombres, entre mayores y jóvenes, entre madres e hijos, etcétera), las formas de apoyo mutuo entre vecinas y trabajadoras de la calle, así como las estrategias de protección que tenemos frente a quienes nos violentan (la policía, pero también frente a quienes nos expropian o extorsionan) comienzan a fracturarse al encarar las nuevas dimensiones de la violencia y la militarización del país.

La *pérdida de autonomía en las economías populares* que habitamos, incluida la de la droga, es otro de los impactos de la guerra «desde arriba». Los sectores populares nos vemos privados de los recursos para producir la vida en la forma de emprendimientos autónomos. Las economías populares ya no dependen de los negocios propios, sino de monopolios y cadenas de tráfico con un férreo control y una disciplina que castiga a quienes funcionan por su cuenta. «Antes éramos libres», dice una compañera, ahora «hay que responder», dar cuenta de lo que hacemos o dejamos de hacer. La pandemia y el empobrecimiento

---

59   Véase https://www.infobae.com/america/america-latina/2023/02/14/ecuador-revelaron-vinculos-entre-un-capo-de-la-mafia-albanesa-y-un-influyente-cunado-de-guillermo-lasso/

que ha traído consigo han terminado por agravar una situación que ya venía afianzándose por el fortalecimiento de las bandas criminales y de sus vínculos con la policía.

En nuestro día a día, donde la *proximidad entre nuestros trabajos y la economía ilegal* es una constante, esta pérdida de autonomía tiene efectos muy concretos. La calle es el espacio común donde habitamos vendedoras con puesto fijo o ambulante, recicladoras, trabajadoras sexuales… Es también el espacio donde se distribuyen las plazas para el menudeo de droga, el último eslabón del enorme negocio del narcotráfico. Y es donde opera la policía, que siempre ha obtenido beneficios de la economía de calle, pero que ahora responde también ante cadenas de mando más estructuradas y poderosas regentadas por los «tíos» o narcocomandantes.

Este nuevo contexto nos convierte en sospechosas permanentes de participar en la ilegalidad, aunque estemos vendiendo legumbres. A la par, nos deja más vulnerables a las demandas de las bandas de pequeños «servicios», como meter drogas en los pañales de los wawas o cosas por el estilo a las que no podemos negarnos, mientras que el empobrecimiento generalizado nos empuja cada vez más a ingresar en el menudeo como forma de resolver nuestras necesidades de ingresos.

> Me ofrecieron trabajo y porque no lo quise no lo puse en práctica, a mí me pusieron, en mi delantal, pero me estaban siguiendo los policías, los de la GOE y gracias a Dios hubo una cámara que captó lo que ellos me pusieron en mi delantal. Pero ¿por qué? Porque yo me llevo con esa señoras y hubo una un tiempo en que no se vendía, entonces me venían a preguntar, a decir: «¿Cuánto ganas?, ¿cómo estás?, ¿estás bien?». Obviamente uno, como se les conoce, se les conversa la historia de uno, entonces ellas me ofrecieron.
>
> Nancy Delgado

Hay algunas mujeres «duras» en el negocio de la droga, «segunderas» que tienen plaza y mandan sobre otros, pero lo más habitual es que nosotras ocupemos los últimos eslabones en la cadena de consignaciones. Habitualmente tenemos que «tapar fechorías» y soportar el acoso de la policía, que fomenta estas economías al tiempo que las persigue.

> Yo veo que en este nuevo decreto los militares salen a las calles y se ponen a buscar en las mochilas de todo el mundo, a mí sucedió. En una parte está bien en la seguridad, pero no todas cometemos, nosotras no hacemos nada que les afecte. Yo sí me veo discriminada, veo el racismo y todo eso, porque ellos, los militares, yo que sepa, tienen que buscarnos de una mujer que es militar o una mujer policía.
>
> Adriana Tobar

En tercer lugar, *nuestros vínculos afectivos* también se ven afectados por la desposesión, la criminalización y la «guerra desde abajo». A medida que más hombres, y algunas mujeres, ingresan a las actividades criminales (tráfico de drogas, extorsiones, secuestros, sicariato, vacunas extorsivas,[60] etcétera), nos sentimos más involucradas, temerosas e inseguras, sobre todo por nuestros hijos varones. Nuestros vínculos afectivos quedan atravesados por el miedo.

Muchas veces son los propios hombres que tenemos cerca quienes nos introducen en el negocio queramos nosotras o no, aunque solo sea para protegerlos a ellos o a nuestra gente querida. Esta colaboración con nuestras parejas o familiares en el menudeo siempre ha existido, pero a medida que crece el conflicto entre bandas y se extiende la guerra (guerra por resguardar plazas, asegurar negocios, mantener el control sobre territorios, etcétera), nuestros cuerpos y los de los niños y niñas a nuestro cargo se ven atravesados por una violencia que ahora extrema su crueldad.

Tememos por nuestros hijos. Queremos mantenerlos «sanos», pero somos conscientes de que hay muchos factores que los atraen y comprometen con las bandas en un contexto de falta de expectativas. Ingresar en una y ser «propiaso»[61] es un modo de tener un lugar en un mundo que te repite hasta la saciedad que no vales nada y te recuerda constantemente tu lugar en los márgenes de la sociedad. Implica tener algo de plata y poder proveer o mejorar las condiciones de vida. Como dice Eli, «dar una cuchita [vivienda] a la mamá» es una manera de ingresar al mundo adulto de los varones; es cumplir el mandato de masculinidad y portar las «marcas» (tatuadas en el cuerpo) que condicionan la pertenencia y la fidelidad a la banda.

> Pero la mayoría de los muchachos, ellos mismos dicen: «Yo quiero ser lobo», pero es el poder, la llamada de atención [...]. Dicen: «Yo estoy trabajando por mi cuchita, porque quiero darle su casa», y cuando mi hijo me dice: «Yo voy a comenzar para darte tu casa», digo: «Y ¿de dónde vas a darme la casa?».
>
> Elizabeth Pino

Pero las mamás sabemos que este lugar les vuelve muy vulnerables: si no cumplen la tarea encomendada, si se quieren salir, si cambian de bando, si algo sale mal…, corren el riesgo de ser asesinados o de poner en riesgo a los suyos. Así le sucedió al primo chonero[62] de Juli cuando fue «mandado a matar».

---

60   Una vacuna es un cobro extorsivo de dinero que exigen los grupos criminales a terceros para «garantizarles» seguridad y protección para que puedan trabajar «de forma tranquila». *(N. de la E.).*

61   Ser un «propiaso» (de «propio») significa mostrar que uno es digno de respeto, que ostenta algún poder, que puede proveer y merece reconocimiento; esto último cada vez más asociado a ser parte de una banda y a partir de ahí infundir temor en el entorno de las bandas y fuera de ellas. *(N. de la E.).*

62   Los Choneros es una organización criminal ecuatoriana. Es originaria del cantón Chone, de la provincia de Manabí, pero cuenta con sedes en Guayaquil y Manta y un ámbito de actividad internacional. *(N. de la E.).*

Yo tenía un primo que murió en agosto. Y él cuando estaba en la cárcel, él era chonero, y en la cárcel lo tenían maniatado, le pegaban, le quitaban el dinero. Él se cansó de estar ahí, se salió y se metió a otra banda, y él era vacunador [...] en Guayaquil, él cobraba así en los mercados, a la gente, porque en esa otra banda lo mandaron a hacer eso. Y ¿qué pasó? La otra banda, los choneros, esa lo mandó a matar.

Julliet Gamboa

Tememos también por nuestras hijas. En ellas impacta de manera diferencial la violencia: ya sea por verse involucradas directamente en las bandas, por comprometerse con novios metidos en el negocio, por verse obligadas a prostituirse o, sencillamente, por ser el eslabón más frágil de una cadena de violencias.

En cuarto lugar, los cambios en la estructura criminal y en el Estado punitivo implican para nosotras una *sobrecarga creciente por el hecho de tener familiares en la cárcel*, entendidas como espacio de contención de un empobrecimiento masivo, donde se hace negocio con los cuerpos humanos. En este sentido, y esto no es nuevo, se hace necesario recordar que el bienestar de nuestros familiares encarcelados siempre ha recaído sobre nuestras espaldas no solo en lo afectivo (visitas, comunicaciones, acompañamiento, trámites, etcétera), sino también en lo económico. Hoy las cárceles son lugares estratégicos para el narcoestado. Son centros de inteligencia donde fluye la información que posibilita la extensión de los negocios que se realizan fuera (operativos policiales, incautaciones, traslados, control de fronteras y exportaciones, conexiones con los cárteles internacionales, etcétera). Son lugares de pactos con los responsables penitenciarios y las autoridades policiales y políticas. Son espacios en los que se premia a unos (con increíbles infraestructuras y privilegios) y se castiga a otros (con privaciones y traslados). Dicho castigo puede implicar también asesinatos masivos y sanguinarios de unos a manos de otros con la autorización pasiva o activa de guías y comandantes, como hemos podido presenciar en los últimos años. Hoy las cárceles son espacios mediatizados de humillación, crueldad y aleccionamiento infligido por el ejército, una fuerza que en Ecuador aún suscita respeto y confianza (a diferencia de la policía), algo que posiblemente cambiará en poco tiempo. La violación de derechos humanos básicos desde que iniciara su control del sistema carcelario es constantemente denunciada por las familias organizadas.

Además de espacios deshumanizados, las prisiones son espacios de ganancia para las esferas que ejercen dentro el control. Todo cuesta en prisión, desde un celular hasta la vestimenta o la alimentación, desde la protección hasta la agilización de trámites. Los sobreprecios caen como una losa sobre nuestras precarias economías y nos obligan a endeudarnos, a recurrir al chulco,[63] que, por cierto, también se ha vuelto más depredador y violento. La policía autoriza y participa de este lucrativo negocio a nuestra costa.

---

63   Los chulqueros son prestamistas no legales. El «chulco» no es otra cosa que la palabra ecuatoriana para la usura. *(N. de la E.).*

He considerado que es una pequeña cortina, no nos están protegiendo y mucho menos a nuestros hijos… ¿Quiénes son? y ¿quiénes entran en este sistema? Es gente empobrecida. Pero también se sabe que la estructura y jerarquía más elevada es el Estado. Entramos porque necesitamos el dinero, pero no nos damos cuenta de que nosotros vendríamos siendo los daños colaterales del Gobierno. Porque dicen: «Era un delincuente», pero del otro lado somos madres, jóvenes y hombres necesitados.

Bárbara Durán

Por último, resulta inevitable pensar en el papel que las dinámicas de violencia y punitivas han tenido en la *transformación de los barrios que habitamos*.

Las antiguas estructuras y liderazgos barriales han perdido peso ante sus dificultades para contener los conflictos y la violencia, incluso para mantenerse (y mantener) a los más jóvenes al margen. Hoy los barrios y sus plazas están al servicio de las bandas y la policía, subyugados a la venta, transporte y distribución de droga. Eso obliga a las personas que los habitamos a cerrar ojos y boca, y lo que es peor, convierte a las y los vecinos en colaboradores forzosos. En muchos barrios resulta imposible salir a partir de cierta hora para encontrarse y conversar con tus vecinas: cualquiera es sospechoso/a. Cada vez más nuestras vidas se repliegan hacia dentro, lidiamos con el dolor y la desesperanza aislados en soledad, la desconfianza se instaura como terreno común.

En un marco como este, la violencia y el abuso sexual contra las mujeres y las criaturas quedan silenciados. Hemos aprendido a no intervenir, cada vez hay menos vínculos en los que sostenerse. Tender una mano puede implicar correr riesgos: no acercarse, no hacer, no hablar, quedarse en casa se vuelven las opciones más seguras. Los negocios en los barrios se ven obligados a cerrar por las vacunas (extorsiones). Los lazos de confianza, solidaridad y apoyo mutuo quedan dañados y fragilizados en un ambiente de miedo y desconfianza. La deshumanización, la brutalidad y la insensibilidad ganan la batalla, mientras por todos lados escuchamos un llamamiento a armarse contra los pobres bajo la consigna «Yo voy a matar, porque tengo que vivir yo».

¿QUÉ FORMAS DE DEFENSA SE ESTÁN PROPONIENDO DESDE LAS PERSONAS, LOS BARRIOS Y FAMILIAS PARA ENFRENTAR LA VIOLENCIA?

Muchas veces, más de las que nos gustaría, estos escenarios sociales adversos, violentos y deshumanizadores amenazan con consumir y destruir la voluntad organizativa de nuestras comunidades. Sin embargo, en nuestro cotidiano luchamos por reconstruir ese tejido social que se resquebraja. Es así que hemos ido ensayando y construyendo justicias alternativas, nuestras, fuera y en los márgenes del sistema penal.

En este esfuerzo titánico por darnos una nueva existencia no podemos dejar atrás la memoria: ¿cómo traer al presente la ausencia de nuestros seres queridos, asesinados en las calles y en las cárceles, escenarios de esta guerra? Tampoco podemos dejar de señalar la extensión y normalización de la violencia hacia nuestros cuerpos: una violencia con un claro impacto sobre niños y niñas, mujeres y hombres empobrecidxs, racializadxs, transformadxs en enemigos internos, en seres anónimos y descartables. Pero no debemos, sobre todo, dejar de preguntarnos e imaginar cómo enfrentarnos a ella.

A lo largo de nuestra trayectoria, hemos construido mecanismos propios y herramientas que nos permiten gestionar los dolores e injusticias que esta guerra genera desde el acompañamiento, la cooperación y el cuidado entre mujeres desiguales. Mujeres de Frente tiene casi veinte años de existencia como organización de mujeres diversas y populares nacida dentro de prisión, pero que imbrica a una comunidad de apoyo que trabaja tanto dentro como fuera de las cárceles. Nuestra experiencia, procedente de encarar los devenires de la calle y de tejer para ello redes de cuidado que conformamos entre mujeres, madres y cuidadorxs, resulta fundamental para hacer frente a la nueva ola de violencia que vive el país y que amenaza con desensibilizar a la población. Frente a la expansión de la indiferencia, nuestra apuesta política es construir resistencias juntas, desde lo colectivo, desde el cuidado y la comunidad.

Nos hemos construido como una voz de base antipenitenciaria y, más ampliamente, contra el castigo característico del orden patriarcal, contra la criminalización de la pobreza y frente a la tendencia, cada vez más aterradoramente común, de pensar y representar a los cuerpos racializados como desechables. Nos hemos propuesto generar procesos de memoria, de reunión y de reconstrucción, formas propias de nombrar los duelos y transformarlos en vitalidad colectiva. De esta voluntad nace la idea de desarrollar el *Memorial contra la guerra*. *Para honrar la vida de quienes fallecieron y siguen muriendo violentamente dentro y fuera de las cárceles en Ecuador.*

> El memorial nace de la desesperación, de no saber qué hacer ante tanta llamada de auxilio […]. A veces nos ven superpoderosas […], pero hay veces en las que no sabes cómo ayudar, cómo salvar. Es como si lucharas contra un gigante.
>
> Elisabeth Pino

El memorial es fruto del trabajo conjunto de Mujeres de Frente, el Comité de Familiares por la Justicia en Cárceles,[64] el Comité Permanente por la Defensa de los Derechos

---

64 @JusticiCarcelEc surge como un espacio constituido en un principio por aproximadamente quince familiares de privados de libertad que fallecieron en las masacres del 2021. Para conocer un poco más de este colectivo, véase https://www.cdh.org.ec/defensores-y-defensoras-de-derechos-humanos/549-comite-de-familiares-por-justicia-en-carceles.html

Humanos (CDH) en Guayaquil[65] y Afrocomunicaciones,[66] con quienes, en colaboración con La Libre,[67] lanzamos la página web del proyecto.[68] En el camposanto virtual recogemos los nombres y las historias de las víctimas de esta guerra, para honrar su vida, rememorar su muerte y denunciar las condiciones que la hicieron posible. La idea surgió durante la Escuela de Formación Política en la Regional Cotopaxi[69] como una forma colectiva y pública de procesar el dolor que nos supera, de transcender la intimidad de las amistades para construir otros sentidos de justicia. Transformamos nuestro daño e impotencia en trabajo, memoria y reparación.

> [El memorial] surge cuando Elizabeth comenta que el hijo de una amiga ha sido entregado en partes y faltaban partes del cuerpo, y había una profunda angustia en ella como persona porque quería devolverle ese hijo completo a una amiga que estaba presa y, que yo recuerde, ni ella ni yo ni otras con las que Elizabeth habrá hablado podíamos hacer nada al respecto.
>
> Andrea Aguirre

Y así, mientras nos vemos obligadas a recontar a nuestros muertos casi a diario, trabajamos por el reconocimiento de que todxs somos humanos, todxs tenemos nombre, existimos en este mundo. Y lo hacemos peleando por ganarle terreno a la desesperación, sanando un poquito las almas de nuestros difuntos y, con ello, las nuestras propias. Honramos la existencia de quienes han dejado este mundo siendo señalados, siendo sus cuerpos violentados testimonio de una sociedad fragmentada que empuja y enaltece la crueldad.

> Un peso que podía quitar la esperanza si no trascendía
> a un ejercicio de responsabilidad comunitaria.
>
> Jazmín Escunter

---

65 El CDH es una organización no gubernamental dedicada a la promoción y defensa de los Derechos Humanos con sede en Guayaquil, https://www.cdh.org.ec/

66 Afrocomunicaciones EC nace de la necesidad de investigar, difundir y producir contenidos relacionados con el pueblo negro y afroecuatoriano. Puedes seguir su IG @afrocomunicacionesec.

67 La Libre es un proyecto colectivo sin ánimo de lucro iniciado en 2014 para proporcionar una infraestructura de tecnologías de la información sólida y accesible para defensor@s de los derechos humanos. Véase https://lalibre.net/

68 https://memorialcontralaguerra.com/

69 Mujeres de Frente cuenta con varios espacios educativos denominados Escuelas de Formación Política Feminista y Popular, las cuales son espacios que nos encuentran a todas como educadoras y estudiantes en nuestras diversidades y desigualdades. Creamos espacios de educación con la voluntad de ubicar nuestras experiencias y conocimientos en un horizonte nacional, regional y global, y en el contexto del orden colonial/capitalista y patriarcal. En específico, la Escuela en la Regional Cotopaxi está integrada por compañeras actualmente presas que participan de este espacio de contención, escritura y bordado.

Queremos llegar a madres, padres, estudiantes y jóvenes tentados por las mafias, seducidos por el fascismo y el odio de clase. Queremos evidenciar que en esta «guerra desde abajo» los sectores populares vamos a perder y que enfrentarla pasa por organizarnos. Entendemos el memorial como un ejercicio de justicia feminista en tanto que busca alternativas de reparación para las violencias que nos atraviesan y se posiciona frente al punitivismo. Es nuestra apuesta como comunidad: la memoria como justicia, verdad y reparación a madres, amigos y familiares de las personas que han muerto en esta guerra.

Noviembre de 2023 fue el momento que elegimos para la presentación del memorial. Tanto en Guayaquil como en Quito,[70] se realizaron sendas ceremonias[71] donde nos dimos cita para narrar y dar a conocer esta iniciativa. Sobre una gran tela de color rojo, tejimos los nombres de los seres queridos a los que queríamos recordar y los acompañamos de bordados compartidos por familiares y amigos. Fue nuestra manera de alzar la voz contra esta guerra racista y señalar al Estado como responsable. Desde entonces, en la web que alberga el campo santo, el listado de nombres de quienes fallecieron violentamente dentro y fuera de las cárceles en Ecuador no ha dejado de crecer.

Este ejercicio político de construir memoria lo hemos puesto en marcha a pesar del miedo, desde el cuidado, respetando los silencios, arriesgándonos a nombrar las vidas y desafiando, de esta forma, la criminalización que recae sobre ellas aun cuando ya no están. Los actos de memoria son recursos de una comunidad para reivindicar, precisamente, que sin un sostén comunitario no es posible generar una sociedad menos violenta.

Yo creo que haciendo la memoria concientiza a la gente para saber de dónde vienen […]. La mayoría de las personas no saben, eso les hace encerrarse por la inseguridad y cuidar de mi hogar, de mi familia, pero me descuido de la persona que está a lado mío […]. Ese descuido, también, de las personas que están al lado de nosotros es un abandono.

Elisabeth Pino

No es fácil para los familiares, quienes quedan atrás, salir de la violencia que sufrieron, el ver morir a sus seres queridos, a sus maridos, hijos y nietos.

Mariana Collaguazo

---

70   El 12 de noviembre en Guayaquil y el 18 de noviembre en Quito.
71   https://laperiodica.net/un-memorial-contra-la-guerra/

Nos convocamos a la lucha contra la indiferencia ante estas muertes:

[El memorial] sirve para darles una voz a las personas que no están, darles un lugar. Pero no solo para los que están siendo asesinados, sino para los jóvenes que están dentro y que están fuera en ese mismo camino, porque les va a pasar lo mismo.

Elisabeth Pino

El memorial, en palabras de nuestra compañera Juanita, debería ser un espejo que nos permita reconocernos, el testimonio que evite que estos actos de violencia se repitan ante la indiferencia generalizada o la celebración del militarismo y el sacrificio humano como única e inútil respuesta. Frente al horror, nos negamos a dejarnos paralizar por el miedo y la impotencia. Apostamos por poner en marcha procesos de paz: una paz construida desde abajo, una paz que nada tiene que ver con las versiones edulcoradas de la blanquitud. Una paz acompañada, responsable y sabedora de que la guerra se lleva consigo a los empobrecidos y discriminados. Queremos generar esperanza y fortaleza. Sostener, tejer, reconstruir y proteger nuestros tejidos, nuestros vínculos. Esta es nuestra respuesta a las violencias.

BLOQUE III
OTROS HORIZONTES DE JUSTICIA

5. LA LUCHA POR LA ABOLICIÓN DEL SISTEMA INDUSTRIAL CARCELARIO COMO LUCHA FEMINISTA

SUSANA DRAPER Y MOLLY PORZIG,
CRITICAL RESISTANCE / RESISTENCIA CRÍTICA
(NUEVA YORK, OAKLAND)

En la última década se ha generado un encuentro entre las luchas feministas populares y las luchas abolicionistas, instalando claves importantes para entender las diferentes violencias que permean nuestras vidas y, sobre todo, nuestro deseo de terminar con ellas. Hace una década, hablar de un mundo sin cárceles, policía y fronteras, es decir, hablar de un mundo en el que el complejo industrial carcelario estuviera abolido sonaba a rareza absoluta. Desde hace unos años, en cambio, la palabra «abolición» se ha expandido y popularizado de diferentes modos en Estados Unidos y en el mundo. Esto tiene que ver con las rebeliones que emergieron en el verano de 2020 desde la rabia e indignación tras el asesinato de George Floyd y tant*s más, exigiendo #DefundThePolice («desfinanciar la policía») y situando la abolición, que hasta entonces habitaba en zonas marginales de luchas de izquierda, dentro de un discurso político mayoritario. Desde entonces, el término «abolición» ha empezado a utilizarse de forma más expansiva y también se ha ido vaciando de su contenido político radical, que le permitía articular diversos llamados al cambio social. Así, ahora mismo está siendo utilizado también por fuerzas de derecha para referirse a la limitación de los derechos reproductivos y pedir la «abolición» del aborto o para pedir la «abolición» del trabajo sexual. A pesar de que el término se use dentro de un amplio abanico de políticas, para nosotr*s «abolición» ha remitido y todavía remite específicamente a *la lucha por acabar con el complejo industrial carcelario* (de ahora en adelante, CIC).[72]

***

Escribir para La Laboratoria como red de investigación militante situada a nivel internacional nos hizo pensar en la dimensión internacional de la abolición del CIC y al mismo tiempo constatar que compartir nuestro trabajo y nuestra historia puede ayudar a fortalecer nuestros lazos y movilizaciones a nivel internacional. Para nosotr*s, luchar por acabar con el sistema de militarización, policía, vigilancia y encarcelamiento en Estados Unidos, que es el país que tiene uno de los sistemas militares, policiales y carcelarios más grandes del mundo, adquiere de inmediato un significado profundamente internacionalista. En este sentido, la abolición es una forma de participar en una lucha por detener la expansión de la militarización y el intervencionismo imperialista estadounidense, algo que estamos viendo suceder ahora mismo con el genocidio en curso del pueblo palestino y con la intensificación de la militarización que se está dando en América Latina bajo el «nombre» de «guerra contra las drogas», pero que sabemos que es una guerra contra las comunidades que el sistema ha empobrecido y despojado.

En este breve texto, nuestro objetivo es situar la lucha por la abolición en algunos pasajes concretos que puedan ser útiles en nuestra vida política como feministas y abolicionistas y, para ello, vamos a compartir algunos aprendizajes de la larga lucha abolicionista de Critical Resistance. Analizando las preguntas y el trabajo político que provienen de sus raíces feministas negras, de mujeres de color y feministas *queer* desde el principio, usaremos como guía esta pregunta: *¿Qué aprendizajes desde las luchas abolicionistas del sistema industrial carcelario pueden servirnos para enfrentar múltiples violencias mientras desplegamos sentidos antipunitivos?*

RESISTENCIA CRÍTICA Y LA LUCHA PARA TERMINAR CON EL CIC

Critical Resistance/Resistencia Crítica (abreviada CR en inglés) surgió hace veinticinco años, a finales de los años noventa, como organización nacional que luchaba por construir un movimiento internacional para abolir el complejo industrial carcelario. El componente intergeneracional es muy importante para nosotr*s, porque muchos de los saberes y herramientas que nos permiten movilizarnos hoy se generaron en luchas políticas que vienen de varias décadas atrás. Desde sus inicios, CR tuvo entre sus fundador*s a

---

72   Traducimos así la expresión *prison industrial complex*.

muchas feministas junto a ex pres*s polític*s, organizador*s pacifistas, anticapitalistas y antiimperialistas que provenían de diferentes luchas por la liberación. En este sentido, el feminismo radical de las mujeres de color, las luchas del tercer mundo dentro y fuera de Estados Unidos y los feminismos *queer* son componentes clave de cómo surgió la praxis abolicionista de CR *y del desarrollo de una comprensión de la violencia que analiza las conexiones y continuidades entre las violencias interpersonales y las sisté-micas.* Esta forma de entender las violencias tiene un impacto importante en nuestros movimientos y en cómo imaginamos las alternativas que nos gustaría ver en el mundo.

La visión de CR y la estrategia organizativa de la abolición del CIC se basa en desafiar la idea de que más vigilancia, encarcelamiento, vigilancia policial y criminalización harán que nos sintamos más segur*s. Así, se trata de cuestionar y problematizar muchas de las *ideas, significados y prácticas* de seguridad, protección y salud dominantes que hemos incorporado a nuestras vidas, a la par que ahondamos nuestro análisis sobre la relación entre el CIC y el complejo industrial militar, ante todo en la forma en que ambos funcionan para proteger y servir al capitalismo racial a nivel global, y al imperialismo estadounidense en particular, a través del militarismo y del control social.

Desde sus inicios, CR ha generado muchos recursos organizativos para trabajar a nivel comunitario con el objetivo de erosionar el poder policial, el encarcelamiento, la vigilancia y la criminalización. Como mucho del lenguaje que usamos viene de la forma en que nos han hecho asociar seguridad con formas de control social y policial, les damos un papel muy importante a las palabras y a la posibilidad de resignificarlas para que tengan otro sentido en nuestras vidas. Por esto, CR creó algunas definiciones con las que queremos empezar para pensar la lucha feminista y abolicionista:

¿Qué es el CIC (complejo industrial carcelario)?

El CIC es un término que utilizamos para describir los intereses superpuestos del Gobierno y la industria, que utilizan la vigilancia, la criminalización y el encarcelamiento como soluciones a problemas económicos, sociales y políticos. A través de su alcance e impacto, el CIC ayuda y mantiene la autoridad de las personas que obtienen su poder a través de privilegios raciales, económicos y de otro tipo. Hay muchas maneras en que se acumula y mantiene este poder a través del CIC, incluida la creación de imágenes en los medios de comunicación que mantienen vivos los estereotipos que muestran a personas de color, pobres, *queer*, migrantes, jóvenes y otras comunidades oprimidas como «criminales», «delincuentes» o «desviad*s». Este poder también se mantiene de muchas formas: otorgando enormes ganancias para las empresas privadas que se ocupan de las prisiones y las fuerzas policiales; ayudando a obtener beneficios políticos para los políticos que se dicen «duros contra el crimen»; aumentando la influencia de los sindicatos de guardias penitenciarios y policías; y eliminando la disidencia social y política de las comunidades oprimidas que exigen autodeterminación y reorganización del poder en Estados Unidos.

¿Qué es la «abolición»?

La abolición del CIC es una visión política cuyo objetivo es eliminar el encarcelamiento y la vigilancia policial para crear alternativas al castigo y el encarcelamiento que sean duraderas y sostenibles. En medio de un momento de gran intensificación policial y militar, se hace difícil imaginar cómo será la abolición. Sin embargo, para nosotr*s, la abolición no implica solo deshacernos de los edificios llenos de jaulas, sino que se trata también de deshacer la sociedad en la que vivimos, porque el CIC alimenta y mantiene la opresión y las desigualdades a través del castigo, la violencia y el control de millones de personas. Como el CIC no es un sistema aislado, la abolición implica una estrategia amplia. *Una visión abolicionista significa que debemos construir modelos hoy que puedan representar cómo queremos vivir en el futuro.* Es decir, significa desarrollar estrategias prácticas para dar pequeños pasos que nos impulsen a hacer realidad nuestros sueños y que nos permitan creer que las cosas realmente podrían ser diferentes. *Significa vivir esta visión en nuestra vida diaria. Por eso, la abolición es a la vez una herramienta organizativa práctica y un objetivo a largo plazo.*

DESMANTELAR-CAMBIAR-Y-CONSTRUIR

Un punto generalmente paralizante viene de pensar que necesitamos dar con una suerte de fórmula que «reemplace» a la cárcel, lo que nos mantiene en el mismo problema y nos impide ver el carácter sistémico que expresa la violencia del sistema carcelario. Ruth Gilmore, una de las cofundadoras de CR, dice que al hablar de abolición se piensa enseguida en una ausencia (no tener cárceles), cuando, en realidad, se trata de una lucha que tiene que ver con *construir,* con *hacer presente una serie de posibilidades.* En este sentido, «construir» implica también una lucha por *des-educar los sentidos* que se van fijando y arraigando en ese sistema que nos daña y poder aprender a ver una multiplicidad de relaciones que sostienen ese sistema de criminalización que acompasa la precarización de las condiciones de vida. En este sentido, nos interesa desmontar la idea que nos imponen de que, si no pensamos en «cárcel», entonces estamos sosteniendo formas de impunidad. Sin embargo, la cárcel como sistema tiene poco que ver con formas de responsabilizar y más con formas de controlar y destruir vidas, sin apuntar a lo que realmente significaría responsabilizar sin reproducir los tipos de castigo que alimentan las violencias producidas por el propio sistema. Por esto, es crucial el desafío de sostener una *multiplicidad de planos en la lucha abolicionista del sistema carcelario,* lo que implica intervenir a diferentes niveles y escalas, sean presupuestarias (para intentar achicar los presupuestos destinados a la criminalización y redirigirlos hacia lo que necesitamos para vivir); sea cerrar cárceles sin que implique abrir otras; sea buscar formas diferentes y alternativas de enfrentar el conflicto y el daño interpersonal, y, sobre todo, poner en el centro la lucha por todo aquello que necesitamos para poder vivir en comunidad: vivienda, alimentación, salud, sanación, como sentidos de seguridad que no pasan por el imaginario policial y militar.

En este sentido, nuestra lucha se cruza con una cantidad de pedagogías populares feministas que están enfatizando que necesitamos lidiar con daños y conflictos sin asumir y reforzar el imaginario punitivo, de corte liberal-individual. Es clave desautomatizar muchos mecanismos en los que nos han educado a pensar en la justicia desde el sistema criminal y penal, y preguntarnos por formas de comprender la responsabilización desde otros lugares. En este sentido, el marco de lo que llamamos nuestra teoría del cambio para poner en práctica la abolición consiste en *desmantelar-cambiar-y-construir.*

Luchamos para *desmantelar* el CIC, lo que implica darnos cuenta de la multiplicidad de relaciones que existen entre el encarcelamiento, la vigilancia, las prácticas y los sistemas que dañan, controlan y precarizan la posibilidad de vida comunitaria y que se expresan también en la violencia y el daño que permean muchas de nuestras relaciones sociales. Por ejemplo, actualmente, el nodo de CR en la ciudad de Nueva York es parte de una coalición que lucha por abolir la policía migratoria (Abolish ICE NY NJ). Además de procesos del acompañamiento de personas encarceladas para que no sean deportadas y lograr su liberación de la cárcel, se plantea un proyecto legal que se llama «Dignidad, no detención» *(Dignity not detention),* que exige que *el estado de Nueva York suspenda* los contratos privados con la policía migratoria. Para esto, se cogeneró, junto con las personas migrantes detenidas, un análisis de las condiciones insalubres a las que se está sometiendo a tantas personas mientras se expanden las acciones de las corporaciones privadas que realizan esos contratos. En el estado de Nueva York, las cárceles de migración han crecido a un ritmo acelerado en los últimos quince años: en 2007 había 19 centros de detención migratoria, en 2018 ya había 76 y en 2022 eran 83. Frente a la clara expansión de la policía migratoria, el encarcelamiento y el desarrollo de tecnologías de vigilancia (como las pulseras electrónicas), se hace clave poder desmantelar y cortar los negocios de detención migrante, poniendo énfasis en la necesidad de que familias y comunidades puedan reencontrarse en lugar de migrar para ser encarceladxs, sobre todo atendiendo al rol que Estados Unidos ha tenido en la destrucción de las posibilidades de vida en sus países.[73] En este sentido, las acciones

---

73   Más información sobre la campaña en https://criticalresistance.org/updates/nyc-action-alert-msq-phone-zap/

para reducir la existencia de cárceles implican a un mismo tiempo un tipo de actividad constructiva que tiene que ver con reimaginar y transformar lo que *se establece como un «sentido común» de «seguridad» y cómo el sentido actual se expresa materialmente en infraestructuras y distribución de recursos que generan relaciones sociales cada vez más violentas.*

Nuestra lucha implica intervenir en muchos niveles de base y desde las personas y comunidades más afectadas por el sistema carcelario, así como desde las luchas en torno a los presupuestos, por ejemplo. Se trata de luchar por redirigir lo que se invierte en dañar, castigar y controlar comunidades y vidas para que estos recursos faciliten en cambio la apertura de procesos de determinación comunitaria, yendo a lo que genera daños y problemas desde su raíz, esto es, a la imposibilidad de sostener la reproducción de la vida. En este sentido, por ejemplo, CR es parte de una coalición junto con alrededor de ochenta organizaciones que se llama Californianxs Unidxs por un Presupuesto Responsable (CURB), https://curbprisonspending.org, que surgió en 2003 como respuesta práctica colectiva frente al contexto de megaexpansión del sistema carcelario en el estado de California. CURB ha estado luchando por reimaginar cómo redirigir los fondos que se dedican a destruir vidas y comunidades a través del sistema carcelario para *invertir* en recomponer y hacer comunidad desde los tejidos más destruidos. En febrero de 2023, se produjo un documento conjunto con colectivos de mujeres presas y ex-presas que se llamó «De la crisis al cuidado: terminar con el daño a la salud en las cárceles de mujeres».[74] El texto mostraba que la inversión en el sistema jurídico penal cada vez afectaba más a las mujeres negras, de color, así como a las personas no binarias y trans, y también apuntaba el efecto que las cárceles tienen en los cuerpos y territorios. Asimismo, conectaba la toxicidad de las cárceles en varios niveles: los cuerpos, la toxicidad ambiental y la destrucción de las comunidades alrededor de la cárcel (en muchos casos acompasando un proceso de destrucción de comunidades agrarias pequeñas, tocadas por los tratados de libre comercio).[75] Para concluir, el documento proponía redirigir fondos de lo que la ciudadanía de ese estado pagaba a apoyar formas de salud en lugar de a la destrucción de los cuerpos y del medioambiente.

Dentro de este análisis, se presenta un punto clave para entender la violencia de género que actualiza el sistema carcelario como abuso jurídico, puesto que se constata que el sistema de criminalización afecta a una gran mayoría de mujeres sobrevivientes de diferentes formas de abuso (emocional, físico o sexual) y que las personas trans son las más accsadas, castigadas y conducidas al sistema carcelario, al ser objetivos de rechazo

---

74   Se puede acceder al documento completo en https://humanimpact.org/wp-content/uploads/2023/02/HIP-From-Crisis-to-Care-02-2023.pdf

75   En el estado de Nueva York, un grupo proponía *Milk not jails* («Leche, no cárceles»), hurgando en la relación entre expansión carcelaria y desruralización de la vida y apostando por reconstruir el tejido de las relaciones entre ciudad y medio rural.

familiar, aislamiento, desahucios, etcétera. Entonces, la falta de recursos para generar formas comunitarias de abordaje de la salud mental y de intervención no carcelaria frente a la violencia hace que la criminalización se vuelva una forma de «inevitabilidad» para muchas personas. Este es un punto clave también de la dimensión feminista de la lucha abolicionista, porque muchas veces se habla de abordar formas de violencia sexual y abusiva a través de procesos de mayor criminalización, omitiendo cómo ese sistema produce una cantidad de violencia contra las mujeres, sobre todo contra las vidas que más precariza y asedia el sistema. Hablamos muchas veces del tránsito que existe entre abuso y cárcel, porque la violencia carcelaria actúa muchas veces como continuación de formas previas de abuso y como mecanismo de retraumatización.

Las políticas económicas neoliberales de desinversión social y la expansión de los procesos de criminalización que las acompañó han tenido un fuerte impacto en el aumento del encarcelamiento de mujeres y personas trans. Frente ello, tenemos necesidad de plantear y construir otras formas de salir del circuito de abuso en diferentes planos, porque, sin duda, ese sistema de soluciones no ha mostrado ser demasiado útil para nuestras vidas. En este sentido, a medida que *desmantelamos y cambiamos, construimos*. Esto es algo clave, porque implica activar nuestra capacidad de construir prácticas, habilidades, relaciones y recursos que vayan a lo que las comunidades más tocadas y dañadas por el complejo industrial carcelario necesitan para poder volver a sostenerse.

MOVILIZARNOS DESDE LOS CRUCES

En 2001, Incite! Mujeres de Color contra la Violencia y Critical Resistance redactaron una declaración que se llamó «La violencia de género y el desarrollo de la industria penitenciaria»,[76] en la que se plantearon claves, preguntas y tensiones desde el cruce de dos luchas: las luchas feministas contra la violencia machista y sexual y las luchas anticarcelarias. El documento ahondaba en *las posibilidades que se abren cuando pensamos ambas luchas desde un punto común que comprende la violencia interpersonal y la violencia institucional sistémica de forma interrelacionada*. El planteamiento partía desde dos posiciones que por lo general contraponemos: por un lado, la forma en que muchas veces la organización contra las violencias machistas responde desde una confianza en el sistema de justicia penal, que es sexista, clasista, racista y xenófobo; por otro lado, la desconexión entre organizaciones anticarcelarias y la lucha contra las violencias sexuales, sea desde la indiferencia o la inferiorización de la relevancia política de estas últimas. Se entrelazaban puntos que, de un modo u otro, siguen vigentes hasta hoy para pensar mapas de otras alternativas frente al sistema punitivo y carcelario, aterrizando prácticas concretas.

---

76 Se puede leer en español en http://laboratoria.red/publicacion/contra-violencia-machista-y-contra-industria-penitenciaria/

Por ejemplo, cuando se aumentan los fondos públicos destinados a la policía, las cárceles y los sistemas de seguridad con el objetivo de tipificar y perseguir la violencia doméstica, por lo general se recortan de los presupuestos sociales destinados a prestaciones o salarios sociales, vivienda pública, sanidad, educación, salud mental, etcétera. Estos recortes tienen una repercusión muy importante en las vidas de muchas mujeres, porque, a mayor precarización, se viven más violencias. Así pues, al invertir en más cárceles, vigilancia policial, criminalización y castigo, el Estado, que afirma que protege a las mujeres, en realidad está creando condiciones de vida de mayor violencia para ellas.

Vemos entonces la necesidad de pensar juntas muchas formas de violencia que por lo general colocamos por separado. Por ejemplo, cuando decimos que la lucha contra la violencia y la lucha anticarcelaria son también una lucha por la vivienda, hablamos de realidades muy concretas. Existe una relación clave entre violencia doméstica, por ejemplo, y el problema de no tener adónde ir. Así como existe una relación muy concreta entre la falta de vivienda y el encarcelamiento de mujeres. Así como también existe una relación entre el abuso en contexto familiar, la huida del hogar, la situación de calle y el paso a la detención juvenil, de donde muchas personas pasan directamente al sistema carcelario de adultos con condenas muy largas. Sabemos que muchas veces la huida del hogar tiene que ver con contextos de abuso y, sin embargo, hay más interés en crear infraestructuras para controlar y castigar que para apoyar procesos de sanación con infraestructuras que funcionen sin que la cárcel sea su «salida». Entonces, cuando afirmamos que la vivienda y la alimentación son claves para poner fin a las violencias y la abolición del sistema carcelario, no se trata de algo abstracto, sino de realidades materiales concretas en torno a las que necesitamos forjar más alianzas.

En relación a esto, el documento también planteaba que, cuando se instala una *dependencia mayor* de fondos públicos pautados desde arriba (y no colectivamente), se impone la colaboración con la policía como condición y esto tiene muchos efectos negativos. Por un lado, se empieza a *profesionalizar* el movimiento contra la violencia, separándolo de formas de hacer cotidianas y de las personas que son parte de las comunidades más afectadas. Se empieza a hablar y gestionar todo desde arriba y desde personas que no han pasado por estos contextos. A veces esto genera una división cada vez más fuerte entre las personas y organizaciones que luchan contra las violencias machistas y las que luchan contra la violencia del sistema carcelario. Al aislar las luchas, *se empiezan a perder lazos organizativos con las personas más afectadas por estas violencias y se van destruyendo los lazos comunitarios. Este alejamiento* también genera un lenguaje desde voces profesionalizadas que nos distancia aún más de la posibilidad de organizarnos cotidianamente para lidiar con los problemas desde dentro de los contextos de conflicto y daño, porque asumimos que hablamos de violencias que siempre precisan gente «profesional» capaz de intervenir desde fuera o «con fuerza» (como la policía). La colaboración con la policía también termina presuponiendo que cualquier persona puede ver y sentir «seguridad» con una fuerza represiva, racista, sexista y patriarcal como es la policía. Esto genera más divisiones entre quienes pueden y quienes no pueden percibir ahí una posibilidad, ya que la policía es la misma que asedia las vidas de las personas en situaciones más precarizadas. Entonces, se asume un tipo de subjetividad específica que deja fuera a quienes, por su condición de color, clase, sexualidad, etcétera, son vigiladxs y asediadxs por esa misma policía.

En este sentido, por ejemplo, muchas veces la policía migratoria en Estados Unidos ha usado las denuncias de violencia sexual que hacen mujeres migrantes para acudir a la cita en los juzgados y detener y deportar a quien denunció o a quien fue denunciado. Esto abre otro pliegue que nos sitúa en las zonas que podemos llamar más grises o menos «nítidas» al hablar de divisiones tajantes entre personas y daños, quien hace y quien recibe el daño, porque estamos utilizando una lente para el análisis de la violencia que encuentra las continuidades y expresiones entre violencias interpersonales y violencias sistémicas. Luchar contra el sistema de criminalización implica luchar también contra la individualización y moralización de la persona criminalizada. Por ejemplo, un grupo de defensa participativa local estuvo en contacto con una persona con una orden de expulsión. Durante la pandemia, con alcohol y precariedad, había violentado a su pareja. L*s vecin*s habían llamado a la policía, que había obligado a la mujer a poner una denuncia, en contra de su voluntad. Días después, la policía migratoria lo esperaba a la salida de su trabajo para detenerlo y deportarlo. En ese momento, debido a una negligencia en su trabajo precario de la que la empresa no se responsabilizó, necesitaba atención médica. A pesar de ello, se vio detenido en una cárcel plagada de ratas, sin acceso a médico ni medicinas. Así, la persona que había dañado a su pareja recibía daño de parte del Estado. Vemos en este caso, como en muchos otros, que, cuando aterrizamos en historias de vida, las «categorías» fijas que maneja el sistema (víctima vs. abusador o «delincuente» vs. inocente, etcétera) se vuelven más difusas y también nos hacen atravesar los claroscuros y las complejidades ligadas a las violencias sistémicas que atraviesan nuestras vidas y se expresan en relaciones de daño interpersonal.

Nuestra visión pone en cuestión la idea de que vamos a acabar con la violencia contra las mujeres y contra las personas *queer*, trans, travestis e intersexo con más cárcel y con más procesos de criminalización. Muchas veces, esta mirada genera tensiones con aquellas posiciones feministas que han adoptado un punto de vista carcelario con respecto a la seguridad que muchas veces refuerza o expande (en lugar de reducir) el recurso a la policía, la criminalización, la vigilancia, el encarcelamiento y el castigo. La abolición del CIC implica que, para poder acabar con la violencia interpersonal y estatal que afecta y daña de forma desproporcionadamente mayor a mujeres, jóvenes, personas *queer*, trans y travestis, necesitamos deshacernos de las cárceles, los cuerpos de policía y todos estos sistemas, prácticas y herramientas de castigo. Entender las violencias interpersonales y sistémicas de forma entrelazada nos impele a desarrollar otros sentidos de la justicia, orientados hacia la responsabilización y la interrupción de las violencias. También nos plantea preguntas y desafíos concretos desde los feminismos: ¿qué significa acabar con las violencias sin reforzar los sistemas que las intensifican a nivel sistémico?[77] y ¿cómo se vinculan las violencias de género con las violencias institucionales? Estas preguntas son motores que nos permiten también ahondar en la complejidad y en las tensiones que vivimos constantemente cuando nos enfrentamos a la violencia sexual, el abuso, etcétera, dentro de las propias organizaciones de lucha. La capacidad de conversar, recorrer, lidiar con las tensiones contribuye a generar visiones organizativas y campañas más ricas, con protocolos que incorporan también la incertidumbre, ya que los procesos de responsabilización son largos y poco románticos, hay rabia y hay tensión y, por ende, hay complejidad. Sin embargo, para poder sostenernos organizativamente sin tener que elegir entre ser feministas o ser abolicionistas de la sociedad carcelaria es importante tener clara la doble temporalidad de nuestra lucha: esto es, *la capacidad de engarzar el aquí y ahora con el horizonte más amplio y a largo plazo de la sociedad que queremos.*

REELABORAR LAS CONEXIONES ENTRE SEGURIDAD, AUTODETERMINACIÓN Y LIBERACIÓN

Comprender cómo la violencia interpersonal se imbrica con la violencia sistémica nos permite desarrollar otros sentidos en torno a la responsabilización y a la interrupción de las violencias. Nos abre a otras preguntas y desafíos a la hora de plantearnos soluciones y nos obliga a pensar qué tipo de horizonte y qué posibilidades a largo plazo generan las decisiones políticas que tomamos hoy, con preguntas como: ¿de qué forma podemos responsabilizar a las personas que dañan sin que esto genere un proceso que refuerza las violencias contra las que luchamos? No se suele hablar de hasta qué punto la cárcel ayuda o no a responsabilizar. Tampoco se habla de cómo el sistema carcelario, altamente patriarcal y masculino, contribuye a que las historias de violencia no se repitan o intensifiquen. Por eso, al pensar en otras alternativas para lidiar con la violencia interpersonal dando cuenta de su entrelazado con la violencia sistémica, no se trata de «reemplazar» la cárcel con otro espacio que funcione como «depósito» de problemas, sino que se trata, más bien, de *comprender* todo un conjunto más amplio de mecanismos, relaciones materiales y sociales (fuertemente patriarcales) que actúan desde el sistema jurídico penal y tienen efectos concretos en nuestras vidas. *Por eso, en la lucha abolicionista*

---

77   INCITE!-Critical Resistance, Statement on Gender Violence and the Prison Industrial Complex (2001). En castellano: http://laboratoria.red/publicacion/contra-violencia-machista-y-contra-industria-penitenciaria/?portfolioCats=15

enfatizamos la necesidad de generar sentidos de «seguridad» en nuestras comunidades, mirando así el problema desde *otro* lugar en el que emergen acciones cotidianas y procesos que tienen que ver con dimensiones estructurales. Esto supone un trabajo permanente sobre nosotr*s mism*s y sobre nuestras vidas, porque implica romper una serie de «oposiciones» muy funcionales al sistema («víctima» vs. «victimario»), pero que no siempre se viven así en el cotidiano.

Durante los primeros años de la década del 2000, CR trabajó con «Intervenciones creativas», una iniciativa organizativa en Oakland (California) centrada en generar visiones, herramientas y recursos que ayudaran a cualquier persona a elaborar respuestas colectivas desde la comunidad para responder a situaciones de violencia doméstica, familiar y sexual sin recurrir a sistemas de vigilancia, policía, servicios de protección de menores y otras herramientas del CIC. De su mano, CR se involucró en un proyecto de recopilación de historias llamado «STOP», que significa «parad», pero en inglés es también el acrónimo de Proyecto de Narración y Organización *(Storytelling and Organizing Project)*. Se trataba de abrir espacios en los que compartir y documentar historias donde se había lidiado con violencias sexuales en la vida cotidiana desde la comunidad. La idea era que estas historias eran líneas de fuga que podían activar alternativas comunitarias al CIC. En el proceso, se establecieron métodos para traer a la memoria y convocar nuestra potencia de actuar frente a episodios de violencia cotidiana entre personas conocidas y dentro de nuestros entornos. STOP se centraba en las violencias sexuales que acontecen en la malla de la cotidianeidad, allí donde más difícil es nombrar y denunciar violencias arraigadas en las costumbres o que suceden dentro de los espacios donde vivimos (casa, vecindad, trabajos, etcétera). Desde ahí, apostaba por la capacidad de tod*s y cada un* de aprender y transformarnos. Esta estrategia se vuelve particularmente pertinente si tenemos en cuenta que el aumento de la precarización de la vida y de las condiciones de reproducción social suele ir acompañado de una intensificación de los procesos de criminalización, vigilancia y «seguridad», con repercusiones negativas sobre las vidas del entorno. En este sentido, se trata de insistir en una capacidad de mirar más lejos y hacia muchos lados, con la pregunta-brújula: ¿de qué forma lo que sentimos como solución en el presente tiene una repercusión a largo plazo? y *¿qué horizonte de vida hace posible?, ¿qué sistemas refuerza o debilita?* Si exigimos más control y más criminalización en el presente, estamos reforzando e intensificando ese mismo sistema que nos está dañando. Se trata, entonces, de poner en marcha procesos complejos y largos que no tienen una solución mágica, pero que nos abren a prácticas diferentes de responsabilización y de aprendizaje colectivo permanente.

Al replantear lo que entendemos por seguridad, al abrirnos a la posibilidad de vivir en comunidades seguras y saludables sin recurrir a ese automatismo que nos impone el sistema, estamos pensando *la abolición como una «visión» de otra sociedad* que no utilice esos sistemas de daño y castigo que han sostenido y fortalecido el capitalismo racial y el colonialismo. La pregunta sobre cómo podemos reimaginarnos un mundo que no use el encarcelamiento y la criminalización como solución a una multiplicidad de problemas generados por el propio sistema puede tener un sentido paralizante, porque la tarea parece gigante. Sin embargo, frente a esto, nuestra práctica pasa por *desglosar, articular y aterrizar* esa posibilidad a partir de múltiples intervenciones y formas de organizarnos, formas que nos permitan volver a sentir cierto control sobre las maneras en que queremos vivir.

PREGUNTAS POSIBILITANTES

El documento de CR-Incite! planteaba la necesidad de pensar juntas las violencias interpersonales y las sistémicas, una clave que está ganando centralidad en los feminismos populares en estos últimos años.

Algo que aprendemos de la lucha por la abolición del sistema industrial carcelario es la capacidad de sostener preguntas que nos permitan mantener múltiples planos o pliegues de los problemas sin pretender unificar todos los problemas en «una» solución homogénea que englobe todo. Es decir, necesitamos poder sostener la capacidad de entender que los planos son múltiples y que nada cambia sin la parte constructiva, es decir, *sin ese hojaldre de intervenciones y acciones concretas cotidianas desde donde construir comunidad ahí donde el capitalismo neoliberal destruye* a través de la precarización. Una gran trampa de la filosofía del derecho penal individualizante (liberal) es justamente el énfasis en la separación de terrenos, abstrayendo e individualizando. Nosotras, en cambio, *encontramos la posibilidad de imaginar otros rumbos en la capacidad de relacionar y articular.*

Uno de los desafíos a los que nos enfrentamos es cómo disputar los sentidos de seguridad sin que estos vengan determinados únicamente por lo que «no» queremos. Stevie Wilson, un compañero que está en prisión y lleva desde dentro de la cárcel una columna del periódico semestral *La Abolicionista,* dice: «Muchas veces tenemos claro a qué le estamos diciendo NO: a la vigilancia policial, a las cárceles, a los centros de detención, al racismo, a la misoginia, al capacitismo, a la xenofobia, al imperialismo. Pero ¿a qué le estamos diciendo SÍ? ¿Son nuestros NO más fuertes que nuestros SÍ? ¿Por qué? ¿A qué es lo que tú, como abolicionista, le estás diciendo que SÍ?».[78] Esto es muy importante para abrir una constelación de sentidos en torno a la justicia y a la seguridad, porque nos hemos acostumbrado demasiado a que el «no», el «anti» esté hablando siempre *antes.*

---

78 El periódico es bilingüe y funciona como una herramienta de formación y comunicación entre dentro y fuera. Se pueden ver más aquí: https://criticalresistance.org/abolitionist/

Pero *¿qué significa pensar nuestros sentidos de seguridad a los que decimos «sí» y pensar esos «sí» desde la materialidad de nuestra vida concreta, en nuestros entornos y como personas que habitamos un mundo común con otras personas?, ¿cómo activamos y traducimos esos SÍ en prácticas cotidianas, en hacer tejido ahí donde el capitalismo lo destruye?* El desafío permanente en un mundo plagado de precarización, individualismo, autopromoción, es de qué forma podemos desactivar ese poder que pasa por nosotr*s para poder hacer diferente. Cuando aterrizamos las preguntas en nuestro cotidiano, se abre una cantidad de posibilidades. La crianza, por ejemplo, es una zona clave, la generación de pedagogías de barrio, de herramientas para proliferar las conversaciones y enhebrarlas en luchas concretas.

Nuestro desafío consiste en ser capaces de desglosar los diferentes niveles que implica este cambio, en lugar de sentirnos paralizadas por la inmensidad de la tarea. Aterrizar en procesos concretos problemas que suenan abstractos. En este sentido es clave el rol que juega la «coalición» en nuestras luchas, porque significa movernos a diferentes niveles y aprender constantemente a comunicarnos y relacionarnos entre posiciones que *no son idénticas ni sencillas*, pero que comparten un horizonte común. Esto nos exige elaborar más a fondo las conexiones y el entrelazado de luchas donde residen nuestras capacidades para la sobrevivencia, ya que es en estas conexiones y cruces que podemos ir tejiendo otras maneras de vivir colectiva y dignamente. Como dice un documento de Critical Resistance generado en la pandemia: «Nuestras comunidades, nuestras soluciones».

6. CONSTRUIR AUTODEFENSA ES CONSTRUIR AUTOGOBIERNO

RECUPERAR EL PODER QUE NOS ROBARON[79]

HELENA SILVESTRE (SÃO PAULO)

A veces pienso que cualquier negro, como yo,
solo quiere un pedazo de tierra en el monte, solo suyo.
Sin lujos, descalzo, nadando en el arroyo,
sin hambre, recogiendo fruta del árbol.
Hermano, eso es lo que pienso y lo que quiero también,
pero en São Paulo Dios es un billete de cien.

Racionais MC's (2002): «Vida loka, parte 2», en el álbum
Nada como un día después de otro día

ITINERARIO DE VIAJE

Este texto nace de una alianza poderosa y viva que se viene desarrollando entre mujeres pensadoras y activistas diseminadas por diversos territorios del mundo, en los que la violencia y las violaciones contra las mujeres y los cuerpos disidentes de la norma adquieren formas a veces coincidentes, a veces muy distintas, teñidas de características específicas que se acumulan en la formación de los pueblos como capas históricas,

---

79   Título original: «Construir autodefesa é construir autogoverno. Recuperar o poder que nos roubaram», traducido al castellano por María Francisca Roncero.

sociales, políticas y subjetivas. Con él, pretendo contribuir a la búsqueda de respuestas a algunas preguntas. ¿Qué sería la justicia, si se pensara desde los múltiples feminismos?, ¿cómo se produciría?, ¿qué tiene que ver la autodefensa con esto?, ¿qué se puede hacer en la lucha contra las violencias y las violaciones que sufrimos las mujeres y las personas *queer* sin que aumente la fuerza opresora sobre nosotras, rompiendo con la dinámica de entregar cada vez más poder sobre nuestros cuerpos y territorios a los mismos que los violentan y violan?

No aspiro a responder a estas preguntas con precisión, con una única respuesta libre de contradicciones. Tal tarea sería no solo imposible, sino también bastante arrogante. Lo que subyace en este escrito, por el contrario, es el deseo honesto de compartir reflexiones a partir de los procesos históricos que tienen un impacto sobre nosotras, las contradicciones que habitan nuestras luchas y las posibilidades que parecerían estúpidas o imposibles dentro del estrecho marco para la imaginación dibujado por los paradigmas que hoy actúan sobre la producción hegemónica de ideas.

Partiendo desde la perspectiva de la investigación situada, retomaré algunos supuestos que es preciso (en mi opinión) cuestionar y que tienen su origen en el proceso de colonización del lugar donde vivo y trabajo, desde donde pienso: Brasil. A continuación, presentaré algunas reflexiones sobre la amalgama de racismo y machismo en nuestra formación social y subjetiva que ha dado lugar a la construcción de instituciones y estructuras (con el Estado en el centro) y plantearé la necesidad de poner en cuestión la jerarquización de la vida que las constituye orgánicamente desde sus orígenes hasta el presente.

Después de sacudir un poco determinadas verdades que sustentan algunos de nuestros horizontes de justicia, el terreno queda preparado para *pensar a qué llamamos exactamente justicia y cómo se desplegaba esta posibilidad de gestión de los conflictos de la vida colectiva antes de que la forma Estado se afianzara*. Recupero aquí antiguas prácticas de regulación de los conflictos en las que la fuerza comunitaria se amplifica y sofistica, en lugar de debilitarse, delegando el poder en estructuras que no podemos controlar. Y también comparto ideas sobre qué tipo de justicia somos capaces de forjar, desde los feminismos, analizando experiencias cotidianas en ocupaciones de tierras urbanas para vivienda o en favelas, donde, a pesar de la dispersión territorial, nos reunimos como una unidad militante autoorganizada.

LA COLONIZACIÓN NUESTRA DE CADA DÍA

No se puede entender nada de este invento colonial llamado Brasil sin empezar por los cimientos que lo sustentan, y los cimientos son el racismo y la colonización. Hay muchos debates agotadores sobre qué fue primero: ¿el huevo o la gallina?, ¿el sexismo o el racismo? En la vida real, tanto el patriarcado (tal como lo conocemos) como el racismo llegaron a estas tierras de forma simultánea; inseparables y en barco, descendieron de despreciables carabelas portuguesas guiadas por exterminadores de mundos.

Encontraron aquí, en este territorio mal llamado Brasil, una constelación formada por cerca de mil pueblos diferentes[80] que convivían entre sí y que (a diferencia de otras sociedades latinoamericanas precoloniales) no se articulaban en estructuras imperiales, sino que mantenían sociedades paralelas, coexistentes, con diferentes formas de organización, tradiciones, lenguas y costumbres. La mirada occidental definió estas formas nuestras como lo más primitivo de lo primitivo, ya que atribuían esta manera de existir a la abundancia natural y al subdesarrollo de la tecnología y no encontraban rastro alguno de lo que de forma tan limitada eran capaces de distinguir como poder, política u organización social. Estos pueblos ayudaron y alimentaron durante años a los portugueses que llegaron a la costa mugrientos y famélicos, enseñándoles lo que era alimento en medio de una inmensa selva de la que los invasores nada sabían.

A esta constelación de pueblos se añadió otra, formada por más de cuatro millones de personas pertenecientes a muchos pueblos africanos, en su mayoría secuestrados en Nigeria, Dahomey, Costa de Marfil, Congo, Angola y Mozambique. Traían consigo en sus azotadas carnes recuerdos de diferentes formas de organización social construidas en sus lugares de origen y destruidas por la violencia occidental.

No en vano lo que llamamos Estado brasileño fue el último país del mundo que abolió la esclavitud, y siempre ha sido, desde su creación, un aparato orientado a la organización del saqueo, la aniquilación de las formas precoloniales de gestión social, el epistemicidio, la esclavización, el pillaje y la reglamentación de todas las vidas no blancas. Esta reglamentación se construyó de acuerdo con un dispositivo de racialización[81] que trazaba una línea abisal de separación entre un pequeño grupo de humanos y el resto, los millones de subhumanos. Para los primeros, el Estado garantizaba el monopolio de la violencia: la primera estructura policial desembarcó en estas tierras en 1532, acompañando al portugués Martim Afonso de Sousa, enviado para expulsar a los franceses y establecer normas de ocupación en todo el territorio.

Empezaba a conformarse así el Estado, única forma validada de organización social, único aparato legitimado para el ejercicio de la violencia, concebido más tarde por Hegel como totalidad ética, fuera de la cual todo es antiético. Desde el principio, se constituye como instrumento indispensable para el mercantilismo y el extractivismo colonial, es decir, para robar recursos, para robar fuerza vital a través del trabajo, para robar tiempo, para robar historia y pasado y, en definitiva, para robar la condición humana misma a los sujetos a los que saquea.

---

80 Véase *Povos indígenas no Brasil*, https://pib.socioambiental.org/ (consultado el 1 de octubre de 2023).

81 Sueli Carneiro (2023): *Dispositivo de racialidade. A construção do outro como não ser como fundamento do ser*, Zahar.

RAZA, GÉNERO Y CLASE. LA CONTRADICCIÓN EN EL VIENTRE DE LA BESTIA COLONIZADORA

Los sujetos sometidos no eran humanos a los ojos de los colonizadores, pero sí lo eran a sus propios ojos y, aunque *sin alma,* entregaron su espíritu a la resistencia en las innumerables revueltas negras, indígenas y afroindígenas, que no se llaman revoluciones solo porque no se estructuraron bajo el amparo del pensamiento blanco.

Como pueblos hemos sido derrotados muchas veces, casi tantas como intentos de liberación hubo, desproporcionadamente reprimidos por el genocidio, que alcanzó a ancianos y niños por igual. Pero la derrota nunca fue completa: nuestras lenguas sobrevivieron, debemos recordarlo, a pesar de estar prohibidas, en los *terreiros de candomblé.*[82] La derrota nunca fue completa e incluso ahora, aquí, se hablan 374 lenguas indígenas, con las respectivas formas de pensar que codifican, con las epistemologías que las acompañan. La derrota nunca fue completa y, aunque fuimos expulsados de nuestros espacios, incluso arrancados de ellos, seguimos reconstruyendo comunidades en las favelas.

En el periodo que se inauguró tras la abolición de la esclavitud, una vez reconocido el poder insurgente de los sometidos, se puso en marcha *el desarrollo sistemático del dispositivo de racialidad.* Se generó la ciencia que lo sustentó; se estructuró el marco jurídico que garantizó a los subhumanos una existencia legal, aunque a un tiempo atacase su existencia concreta, y se organizó el biopoder que patologizó la diferencia estableciendo la norma.

La favela se encuentra con este dispositivo de racialidad (actualizado en la modernidad). No se sabe exactamente de dónde viene ni se encuentra en los linajes de sublevación anteriores a su formación, pero, aun así, lleva inscritas en su funcionamiento antiguas sabidurías, si bien desconectadas de sus cosmologías, en cruces epistemológicos huérfanos sobre los que se han grabado las huellas de los pensamientos más útiles para la práctica de la supervivencia. En este tejido, el significado de lo que es ser mujer se encuentra comprimido entre el encuentro de diversos vestigios ancestrales, por un lado, y la presión normalizadora del aparato sexista y racial, por otro.

Aunque el reconocimiento social siga reservado a los hombres blancos y, raramente, a los hombres racializados, *son las mujeres las que sostienen la comunidad de la favela, sus mecanismos de autodefensa, así como la transmisión oral de los conocimientos y de los elementos éticos que están en el origen de tales mecanismos.* Me gustaría

---

82 El candomblé es una de las llamadas religiones del Atlántico negro, nacido como espiritualidad de resistencia entre las personas negras esclavizadas y sus descendientes en Brasil. El *terreiro* es un espacio donde se organiza una comunidad y, referido al candomblé específicamente, es un espacio referente de la identidad y la memoria negra. *(N. de la T.).*

señalar aquí que ningún feminismo que no sea fundamentalmente antirracista es viable en los territorios de las favelas, ya que, antes de reconocer nuestra existencia como mujeres (ampliando mucho lo que Occidente entiende por esta palabra), es necesario reconocer nuestra existencia como humanas, como sujetas sometidas por el dispositivo de la racialidad.

También ahí está incrustado *el desafío de componer, en los feminismos, el significado del término «justicia»*, ya que el pensamiento blanco hace del Estado el depositario automático del ejercicio de la justicia a través de las leyes, cuando, en la experiencia histórica de los cuerpos racializados, el Estado es el principal agente de injusticia.

LA JUSTICIA. LA BASE FUNDAMENTAL DE LA LEY ES LA MENTIRA

El artículo 5 de la Constitución brasileña afirma: «Todos son iguales ante la ley, sin distinción de ningún tipo». Nada más falso. En primer lugar, porque no somos iguales, sino todo lo contrario, y la diferencia es tal vez una de las principales características de todos los seres vivos y esta diferencia, así reconocida, coexiste en este territorio desde hace siglos. En segundo lugar, porque tampoco fuimos nunca iguales ante la ley, ya que esta norma sintetiza un pacto entre blancos con propiedades, poder y títulos impuestos como norma reguladora a la masa racializada, expropiada de sus territorios, saberes e instrumentos de organización de la vida. Por su parte, el artículo 1 de esa misma Constitución establece: «Todo poder emana del pueblo, que lo ejerce a través de sus representantes electos o bien directamente en los términos de esta Constitución». Así pues, el poder emana del pueblo siempre que se ejerza en las formas reconocidas por el pacto blanco-propietario. Fuera de eso, no. Fuera de eso, no hay nada. Frente a la nada, que se presenta mejor como violencia y violación permanente de todas las vidas fundidas en la idea del *otro,* luchamos.

Nuestras luchas también serán diferentes: quien no ha sido expulsado de su territorio y de su modo de vida lucha por permanecer y mantener uno y otro. Este es el planteamiento de las luchas de los pueblos indígenas, quilombolas,[83] comunidades de pescadores, etcétera. Pero quien nació del destierro y se encontró sin lugar y sin pasado (como la gente de las favelas) puede verse empujado a luchar por todo lo que le ha sido y le sigue siendo negado, con el agravante de ignorar sus propios orígenes y las posibilidades que existen más allá del orden negador.

---

83   Término que denomina a las personas afrodescendientes que habitan los quilombos. Si bien su significado remite históricamente a los movimientos de emancipación y liberación de la esclavitud ocurridos por varios siglos en distintos países en América, contemporáneamente en Brasil designa el modo que se autoidentifican las personas descendientes de estos pueblos, sus comunidades rurales, suburbanas y urbanas caracterizadas por la agricultura, los movimientos políticos y territoriales detrás de su defensa e integración y las manifestaciones culturales que tienen un fuerte vínculo con el pasado africano. *(N. de la T.).*

Yo misma he participado en esas luchas. Como habitante de una favela, se me negó la ciudad o la ciudadanía que la acompaña y yo (aún sin entenderlo) luché por el derecho a la ciudad. Pero es una lucha que te vuelve del revés. Entiéndanme: yo denunciaba la ciudad oficial como saqueadora de la fuerza vital de las favelas y exigía el derecho a la ciudad. Aún no había constatado que una lucha que se desarrolla sin tener claros los límites de la ley acaba siendo devorada por su gramática. Aún no me había dado cuenta de que la demanda de reconocimiento de ciertos territorios corría el riesgo de verse capturada, dentro de un proceso que sometería más porciones de nuestras vidas a la reglamentación de un poder que nos es ajeno, un poder entregado a manos estatales alejadas de la vida cotidiana de la comunidad y, las más de las veces, incapaces de comprenderla.

La mecánica es la siguiente: no reconocen mi humanidad y yo quiero que me la reconozcan, sin darme cuenta de que ser reconocida, sin cambiar el esquema, podría llevarme a formar parte de esos humanos con poder para acabar con la humanidad del *otro*. En realidad, yo nunca quise formar parte de este grupo y, en el caso del derecho a la ciudad, me di cuenta de que «ciudad» tal vez no era exactamente lo que yo quería para mí y para mi pueblo. Mientras escuchaba hablar de los orígenes de esa ciudad en «la polis griega», mientras me explicaban el significado del «ágora política», de esto y de lo otro, comprendí el origen colonial de estos modelos y entendí hasta qué punto no casaban con la complejidad de las formas precoloniales desarrolladas en esta mal llamada tierra de Brasil, formas que solo es posible entender mirando el pasado.

Puesto que, en el presente, la ley se basa en mentiras, las luchas legítimas que claman por derechos garantizados legal y administrativamente caminan en la cuerda floja, haciendo equilibrios contra la fuerza centrípeta que arrastra todo hacia la lógica de la mercancía (en el caso del mercado) o hacia la lógica de la ley (en el caso del Estado).

La ley, como única configuración socialmente validada para regular el Estado (que a su vez es el único regulador socialmente reconocido para gestionar la vida colectiva), carga las contradicciones propias de la ley, del Estado y de sus lógicas sobre las luchas y los luchadores, que a su vez quedan alejados de las contradicciones propias del pueblo.

***

Voy a tratar de acercar estas ideas a otro ejemplo concreto, más allá de la lucha por el derecho a la ciudad.

En el Brasil racista, las universidades han sido y siguen siendo espacios blancos y elitistas no solo por la estructura colonizadora del pensamiento científico que propagan ni solo por no reconocer como ciencias de igual valor las producidas de otras formas, sino también por la composición de sus miembros, ya sea como profesores, investigadores o estudiantes. El examen de ingreso, la prueba que define en función de las mejores notas quién podrá o no acceder a la educación superior como estudiante, es un instrumento decisivo en este sentido. Así, los hijos de la élite económica y de las clases medias, que han estudiado toda su vida en escuelas privadas, logran las mejores posiciones y una prueba, aparentemente justa e igual para todos, garantiza que la desigualdad se mantenga.

Ante esta realidad, el movimiento negro y luego el movimiento indígena lucharon por cuotas en las universidades públicas, logrando cambiar el color del alumnado. Sin embargo, cuando las personas blancas empezaron a hacer trampas en los exámenes de ingreso utilizando el bronceado artificial y otros trucos para acceder a carreras muy competitivas, como Medicina, los movimientos lucharon para denunciar este absurdo y, como resultado de sus luchas, se crearon estructuras institucionales llamadas *comisiones de heteroidentificación*. Estas se encargan de verificar si quienes acceden a través de las cuotas son realmente afrodescendientes, indígenas o afroindígenas.

Es contradictorio celebrar esta operación como el resultado de luchas y denuncias legítimas, porque quita de las manos de la comunidad negra, indígena y afroindígena el poder de decir quién pertenece o no a esa comunidad y este poder es transferido al Estado, un Estado racista desde su fundación en estas tierras. Una dimensión más de la vida, hasta hace nada ajena a la reglamentación del Estado, queda incorporada a su mecánica reguladora. Más poder se escapa de nuestras manos. Más poder se transfiere a la maquinaria estatal.

Aquellas luchas que no estén suficientemente concienciadas y ancladas en esta comprensión, que no hayan establecido clara y cotidianamente el carácter limitado de las propuestas que no escapan a la lógica totalizadora del Estado-mercado (como dos caras de una misma moneda) serán más vulnerables a absorber la contradicción que no les pertenece, expuestas a la operación que tan bien describió Raquel Gutiérrez en una reciente entrevista.

> Hay un colega uruguayo que tiene una expresión que me gusta mucho: «Cómo se armaron maneras en las que se traducen los gritos rebeldes, las acciones rebeldes en prosa administrativa». Bueno, ese es un terreno de interés para mí. Porque ahí hay una acción de captura política que se funda en una captura semántica, en comprarte las palabras, en robarte las palabras, en vaciarte de sentido las palabras. […] Qué significa control social cuando tú ves costras en las dirigencias que lo que hacen es negociar ventajas y cargos a título de establecer algún tipo de vigilancia o de control de la cosa pública. Por eso la necesidad tan importante de renovar el lenguaje, de ampliar los lenguajes, de tomar en cuenta otras palabras, de entender que el lenguaje es una zona de disputa.[84]

---

84 Raquel Gutiérrez entrevistada por Mijail Miranda Zapata (2023): «Raquel Gutiérrez: cuando el poderoso habla tu lenguaje, desconfía», en *Muy Waso*, 27 de abril, disponible en https://muywaso.com/raquel-gutierrez-cuando-el-poderoso-habla-tu-lenguaje-desconfia/

Es en este contexto en el que se están produciendo muchas luchas y es también en este contexto en el que se están dibujando horizontes para lo que (frente a todo esto) podría ser la justicia.

¿QUÉ TIPO DE JUSTICIA QUEREMOS? ¿QUÉ JUSTICIA NECESITAMOS? ¿QUÉ JUSTICIA SOMOS CAPACES DE FORJAR?

Cuando somos víctimas de actos violentos e injustos, nos inundan sentimientos de sublevación, rabia e indignación. Son motores que ponen en marcha nuestra sed de justicia, nuestra búsqueda de justicia. En el caso de los segmentos de la población cuyas vidas se ven afectadas por la opresión y la explotación, crece el deseo de luchar por lo que se nos ha negado, por la justicia que se nos ha negado repetida y sistemáticamente. Estrujados entre el odio y la vida precaria, apenas podemos respirar y reflexionar sobre qué justicia queremos o necesitamos realmente. El odio sin destinatario claro es empujado al clamor por una justicia basada en la ley y el populismo penal, propagado por los medios de comunicación y los aparatos de reproducción ideológica, acaba deformando las demandas populares, arrastrándolas a la lógica del Estado-mercado.

El deseo dentro de los límites del horizonte de lo que se nos ha negado en esta sociedad pone de relieve la condición colonizada de nuestro deseo, que está casi bloqueado para ir más allá de las miserables perspectivas visibles en un país inventado sobre la base del epistemicidio y el borrado del pasado. Así es como los trabajadores y trabajadoras empobrecidas de las favelas a menudo apoyan medidas para ampliar el genocidio del que son objetivo. Aumenta la pobreza, aumenta la violencia, los ricos se blindan en urbanizaciones cerradas con seguridad privada y los pobres, con el móvil en la mano, son asaltados por otros pobres. Indignados, piden más policía, leyes más estrictas y la reducción de la edad de responsabilidad penal, sin darse cuenta de que estas leyes legitiman la expansión de la violencia que se desploma sobre sus vidas y sobre las comunidades donde viven.

La indignación ante la injusticia sufrida es arrastrada hacia la lógica injusta de la regulación jurídico-administrativa y ninguna otra posibilidad de justicia es invocada como horizonte, ni siquiera por las izquierdas, que de hecho mantienen el discurso de la seguridad pública entre los puntos principales de sus programas electorales, diferenciándose de la derecha solo en matices, manteniendo intacta la lógica subyacente.

Nada más lejos de mi intención que culpar al gran número de personas que, entre las más pobres, luchan por un poco de seguridad. Comprendo y veo los muros que les dificultan sacar conclusiones de su experiencia vivida. Pero tampoco puedo contemporizar con los segmentos progresistas, privilegiados y educados que, a pesar de tener acceso a muchas herramientas de pensamiento crítico, siguen uniéndose al coro que pide una justicia en los términos del punitivismo, una justicia injusta, blanca, propietaria y colonial, sin debatir sus propios límites frente al populismo, reforzando los elementos conservadores del sentido común en lugar de combatirlos y empoderar a los elementos insurgentes.

Nada más lejos de mi intención que culpar a las mujeres que han sido víctimas de una brutal violencia machista y buscan algún tipo de justicia, algún tipo de seguridad para existir e incluso algún tipo de reparación del daño sufrido. Entiendo las condiciones predatorias en las que sobrevivimos, que son las mismas que presionan nuestro pensamiento. Pero tampoco puedo contemporizar con segmentos de los movimientos feministas que continúan propagando soluciones que amplían el poder del Estado sobre nuestros cuerpos, que legitiman al Estado como el único ejecutor posible de la gestión de la vida colectiva y sus conflictos, que entregan al dispositivo jurídico-administrativo el poder de definir lo que es y no es injusto, lo que es y no es violento, quién es y quién no es víctima, quién es y quién no es agresor, y lo que se desprende de estas definiciones.

Por lo tanto, para pensar en la justicia que queremos (desde una perspectiva que incluya la injusticia fundante del dispositivo jurídico-administrativo, la colonización con su dispositivo de racialidad y la lógica Estado-mercado) es fundamental ampliar nuestros horizontes y profundizar en la identificación de las justicias que necesitamos.

CEPILLAR LA HISTORIA A CONTRAPELO O EL FUTURO ES ANCESTRAL

Una de las acciones centrales para imaginar, proponer y generar otras posibilidades de justicia es retroceder en el tiempo y revisar las formas de justicia puestas en práctica por diferentes pueblos a lo largo de los tiempos que no parten de la empresa colonial. Esto nos lleva a revisar el pasado, a escudriñar los relatos y epistemologías precoloniales de pueblos que ya no existen o que fueron colonizados. No se trata de idealizar o romantizar el pasado ni de exaltar un mítico paraíso perdido, perfecto y libre de contradicciones. No, se trata de entrenar nuestras mentes para pensar en alternativas fuera de la lógica colonizadora occidental. Se trata de alimentar nuestra imaginación política.

Beatriz Nascimento, intelectual negra nacida en el nordeste de Brasil, fue una historiadora y activista clave del movimiento negro. Asesinada en 1992, el movimiento de mujeres negras la salvó del olvido y su obra es una valiosa aportación en la que apoyarnos en este entrenamiento.

> Así que [la historia] no solo ha sido silenciada, sino que ha sido aún más terrible, porque, en la parte en la que no ha sido silenciada, se descuidan hechos muy importantes y se distorsiona en gran medida la historia del negro, tratando básicamente de la esclavitud y dejando de lado otras formas en las

que el negro vivió en Brasil, como todo el proceso de emancipación que tuvo lugar durante los cuatro siglos de esclavitud y, en particular, todo lo que sucedió en torno al quilombo. Para emprender un estudio crítico de la historia del negro y, al mismo tiempo, darle al pueblo negro una perspectiva de lo que fue su verdadera historia, tenemos que partir de la historia del pueblo negro como un pueblo libre. Como grupo libre que pone en marcha una sociedad libre, aunque hubiera esclavos en esa sociedad. Básicamente, el quilombo son hombres que buscan conscientemente organizar una sociedad para sí mismos en la que puedan vivir de acuerdo con su pasado histórico afrobrasileño, con sus hábitos, sus costumbres, su cultura, su forma de ser.[85]

Ignoramos las muchas posibilidades de justicia o de pactos capaces de gestionar la vida colectiva y sus conflictos, porque ignoramos los muchos mundos que existieron en el pasado y algunos más que siguen existiendo hoy.

Sería muy difícil hablar de un único sistema de justicia indígena, ya que la palabra «indígena» se refiere a una enorme multiplicidad de pueblos con diferentes costumbres, lenguas y formas de organización. Si nos desprendemos de esta idea, lo que veremos son diferentes formas de enfrentar las acciones de individuos que alteran o impactan la armonía y el equilibrio de la comunidad. En medio de tanta diversidad, tal vez podamos recuperar algunos rasgos comunes.

Lo primero que me parece fundamental es la autoorganización comunitaria o el autogobierno comunitario. Como ya he mencionado, los pueblos originarios que habitaban el territorio que más tarde se llamó Brasil eran muchos y no establecieron entre ellos ningún tipo de estructura imperial que pusiera un pueblo y sus costumbres por encima de los demás. Así, cada pueblo construyó sus propios mitos, historia y forma de vida. Una bellísima obra del antropólogo Pierre Clastres presenta estudios sobre este tema.[86]

En este contexto, las acciones individuales que afectasen negativamente a la vida de otras personas o de la comunidad se trataban, por así decirlo, de abajo hacia arriba, empezando primero por el grupo más reducido de personas directamente implicadas y luego, cuando era necesario, se llevaba a la apreciación comunitaria más amplia.

El cotilleo desmoralizador era una de las formas coercitivas utilizadas entre algunos guaraníes de Brasil cuando se difundía la mala conducta de alguien y se le avergonzaba públicamente. En los casos en que el comportamiento se consideraba cobarde, por

---

85 Beatriz Nascimento (1977): «A história do Brasil é uma história escrita por mãos brancas», extracto del documental *O negro, da senzala ao soul*, dirigido por Gabriel Priolli y Delfino Araújo, São Paulo: TV Cultura. Extracto disponible en https://www.youtube.com/watch?v=-LhM1MaPE9c. Documental completo disponible en https://www.youtube.com/watch?v=5AVPrXwxh1A (ambos enlaces, consultados el 11 de julio de 2024).

86 Pierre Clastres (2020): *La sociedad contra el Estado*, Santiago de Chile: Hueders.

ejemplo, la reputación se extendía tanto que la persona y su familia se mudaban. En otros casos, las personas de mala conducta no eran saludadas, nadie les dirigía la palabra y su existencia en la comunidad se hacía muy difícil.[87]

En otros pueblos de América Latina se observaron diversas acciones coercitivas, como la devolución de objetos robados, indemnizaciones, ejercicios físicos, multas económicas, pago de los daños mediante trabajo comunitario, baño en agua fría, castigo con ortigas, trabajos en las comunidades, pérdida de derechos comunitarios y, excepcionalmente, expulsión de la comunidad, considerada una de las sanciones más graves.[88]

Entre muchos pueblos originarios brasileños, la posibilidad de venganza se reconoce como parte de la justicia: la persona o la familia de la persona perjudicada por la mala conducta de otra puede contraatacar legítimamente, ya que la persona que ha actuado incorrectamente asume los desequilibrios que se han generado con sus acciones.

El pueblo tupinambá es uno de los pocos pueblos que tienen una cosmología que no ve al ser humano como un animal por encima de los demás. De hecho, como el jaguar es un animal que se come al ser humano, y no al contrario, se consideraba que el jaguar era el animal más evolucionado, situado en la cima de la cadena alimentaria. El jaguar es superior, el destino tupinambá es ser jaguar, porque es el modelo ideal de ser. Dentro de esta cosmovisión, la anciana, la más vieja de la familia, encarna al jaguar; ella ha evolucionado hasta convertirse en jaguar y en la mitología es la anciana la que aplica la justicia, la que se venga legítimamente cuando alguien de su familia es herido o asesinado. Se venga mordiendo, arrancando un pedazo del agresor.[89]

En estos ejemplos queda claro que la justicia no se produce a partir de la heteronomía, el poder de hacer justicia no se entrega a fuerzas ajenas a la comunidad. Dentro de esta es donde hay legitimidad para que la justicia tenga lugar y su objetivo es restablecer el equilibrio comunitario sacudido, reparar el daño causado, reconocer a la víctima del acto como voz indispensable para decidir qué prácticas pueden cumplir estos objetivos. El poder de la justicia sigue estando en manos de la comunidad. Quienes producen las costumbres son quienes velan por ellas y quienes actúan cuando no se respetan.

En los casos en los que el equilibrio no se puede restablecer mediante intervenciones como las que he mencionado anteriormente, se convocan consejos de ancianos y se

87 Almires Martins Machado y Rosalvo Ivarra Ortiz (2018): «O sistema jurídico guarani. História, memória e cosmologia», en *Revista Jurídica Unigran*, Dourados, MS, vol. 20, núm. 40, julio-diciembre, pp. 61-79, disponible en https://www.unigran.br/dourados/revistas/juridica?trabalho=1250

88 Jaime Rojas Castillo: *Elementos comunes de los sistemas penales o sancionatorios indígenas*, Asesoría Técnica Parlamentaria, Biblioteca del Congreso Nacional de Chile, disponible en https://obtienearchivo.bcn.cl/obtienearchivo?id=repositorio/10221/33685/2/Elementos_comunes_de_los_sistemas_penales_o_sancionatorios_indigenas.pdf (consultado el 11 de julio de 2024).

89 Véase la intervención de Alberto Mussa en el webinario *HUMANITAS. A perspectiva tupinambá. Mitologia e pensamentos brasileiros*, Río de Janeiro: Museu da Justiça, Centro Cultural do Poder Judiciário, 21 de julio de 2021, https://www.youtube.com/watch?v=17qHk3v59po (consultado el 11 de julio de 2024).

celebran reuniones en presencia de las partes y sus respectivas familias para escuchar y deliberar con la participación de todos. En el caso de los guaraníes, también pueden recurrir a la Aty Guasu, nombre dado por los guaraní kaiowá y ñandeva a las grandes reuniones políticas (una Aty Guasu también se asemeja a una gran reunión en la que rezan, cantan y bailan, debatiendo durante días los problemas a los que se enfrentan e intentando encontrar sus propias soluciones).

Estas reuniones suelen durar mucho tiempo y la gente pasa horas y horas hablando mientras otros pasan horas y horas escuchando, sin dejar de realizar las tareas de la vida: comer, preparar la comida, educar a niños y niñas, enviar mensajes. Esto demuestra que no hay autoorganización para la vida comunitaria sin que se invierta mucho tiempo en construirla, en escuchar e interactuar en la búsqueda de soluciones a problemas que pueden parecer individuales, pero que afectan a la vida de todos. Como la autoorganización comunitaria es condición de posibilidad de la justicia liberada, sin escucha exhaustiva y compromiso mutuo (desde la comprensión práctica de nuestra interdependencia, imperativo de la alteridad cotidiana en la organización colectiva) no podemos producirla.

Esta sabiduría ancestral ha dejado sus huellas en la dinámica de las favelas erigidas por comunidades que fueron expulsadas de sus territorios originales. Empujadas hacia la ciudad, donde no tienen un espacio viable para ejercer sus tradiciones, estas personas mantienen consigo, mezclados con otras lógicas de pensamiento, elementos de la ética comunitaria de la que proceden. Como elementos de continuidad histórica, algo de la vida en los quilombos y en las aldeas resiste en la lógica de la favela. Esto es evidente, por ejemplo, en la trayectoria del Movimiento Madres de Mayo, un colectivo urbano de madres y familiares de personas asesinadas por la policía que tiene como uno de sus recientes y poderosos proyectos una acción articulada llamada Escuche a las Madres de Mayo.[90] Las huellas incrustadas en la dinámica de la vida en las periferias y favelas, huellas de sabiduría ancestral y formas de organización para la supervivencia que vienen de muy atrás, nos remiten de nuevo a Beatriz Nascimento cuando nos dice:

> Si entendemos el quilombo como historia del pueblo negro, tenemos que verlo desde la perspectiva de la continuidad histórica. La historia no se va a acabar cuando se acabe la represión. Si el quilombo se entiende como una sociedad de negros, no puedes [creer] que de repente, porque dejen de utilizar la represión armada contra el quilombo (como ocurría en siglos pasados), este ha desaparecido. En otras palabras, si los hombres negros se han reunido en este tipo de organización desde el siglo XVI, deben seguir reuniéndose en este tipo de organización hoy en día. Por otro lado, en mis investigaciones

---

90 Jeniffer Mendonça y Daniel Arroyo (2024): «"Escute as Mães de Maio". Movimento lança documentário e cartilha pela luta contra violência policial», en *Ponte*, 24 de marzo, disponible en https://ponte.org/escute-as-maes-de-maio-movimento-lanca-doc-e-cartilha-pela-luta-contra-violencia-policial/ (consultado el 11 de julio de 2024).

> he visto en informes policiales, especialmente en Río de Janeiro, que hay zonas de antiguos quilombos que siguen siendo favelas hoy en día. También en Bahía encontramos lugares de candomblé que fueron quilombos.[91]

Conocer lo que ha sido posible generar desde nuestra ancestralidad, como tecnologías para la gestión comunitaria de la vida, es fundamental para liberar nuestro futuro del encarcelamiento.

QUÉ JUSTICIA SOMOS CAPACES DE FORJAR

Estos ejemplos no están ahí para servir de modelos. Ciertamente, cada uno de ellos tiene muchas contradicciones, muchos problemas, y están marcados por el impacto desmedido de la colonización. Ya no existen bajo la forma en que surgieron, pues son inseparables de formas de vida que han sido profundamente alteradas por los procesos de colonización, urbanización y destrucción del medio ambiente, o solo persisten como vestigios de sí mismos, esparcidos en fragmentos mezclados con la precariedad y la violencia más brutales. Están ahí para que nuestra imaginación política pueda trabajar con ideas que superen la estructura punitiva del Estado penal y pensar la justicia desde el movimiento feminista. Trabajar en este sentido construiría un aporte fundamental de los feminismos a las mujeres indígenas que, en muchos pueblos, sufren violencias que la justicia indígena no resuelve, reproduciendo el patriarcado incorporado (o ancestral-mente modificado); y una colaboración importante con las mujeres negras, que son la mayoría de las mujeres golpeadas, violadas, asesinadas o encarceladas en Brasil.

Como feminista, algo que me parece primordial, el punto de partida, es constatar que el Estado nunca es un aliado fiable para lograr justicia. Es parte estructural de las injusticias existentes e incluso las reivindicaciones de lucha a las que atiende se traducen siempre en esa gramática jurídico-administrativa que atrapa a los movimientos y a las luchas en las contradicciones de la forma jurídico-administrativa. Las «madres protectoras», mujeres que en diferentes países del mundo denuncian ante los tribunales los abusos y la violencia ejercida por los progenitores de sus hijos e hijas, son un terrible ejemplo de ello, ya que sufren la «revictimización» cuando los jueces redirigen las denuncias contra las denunciantes y les arrancan a sus hijos, obligando a niños y niñas a vivir con sus padres maltratadores.[92]

El primer paso en el camino hacia la justicia es la autoorganización comunitaria y el segundo, creo yo, la organización de la autodefensa individual y comunitaria. Romper con

---

91 Beatriz Nascimento: «A história do Brasil é uma história escrita por mãos brancas», cit. en nota 85, p. 108.

92 Patricia Reguero (2021): «Madres protectoras lanzan una campaña internacional contra la violencia institucional y vicaria», en *El Salto*, 17 de junio, disponible en https://www.elsaltodiario.com/justicia/madres-protectoras-campana-internacional-violencia-institucional-vicaria. Véase también VV. AA. (2024): *En la tela de araña. Las violencias contra la infancia y la lucha de las madres protectoras,* Madrid: La Laboratoria.

el monopolio estatal de la justicia, arrancar de las manos de los opresores la legitimidad de juzgar a los oprimidos e intentar recuperar una pequeña porción de poder sobre nuestras vidas. No es posible organizar la autodefensa sin la autoorganización comunitaria. La existencia de colectividades organizadas que se validen a sí mismas como capaces de alcanzar la justicia es la condición básica para que florezca la autodefensa.

Gladys Tzul Tzul, activista maya k'iche', socióloga y artista visual, me habló una vez (en un seminario en Nueva York en el que nos encontramos)[93] sobre su idea de las sociedades que no están totalmente estatalizadas. Ella utilizó esta expresión para comentar la exposición que yo acababa de hacer en una de las mesas,[94] porque, de alguna manera, veía en mi narrativa sobre favelas y ocupaciones urbanas esta condición que, en su opinión, estaba presente en varias comunidades indígenas. Tal vez por eso los experimentos de justicia comunitaria son mucho más evidentes en las favelas y en las ocupaciones de tierras urbanas, que, en la reivindicación de viviendas asequibles, reúnen a miles de personas racializadas y empobrecidas en una unidad territorial y política efímera y autoconvocada por necesidad. Territorios en los que el Estado es evidentemente un agente de los intereses enemigos y poco más: existe casi exclusivamente a través de su función armada, militar, disciplinaria y punitiva.

Esta unidad difusa también existe en las favelas que luchan por los derechos básicos, donde se hacinan las personas con casa propia y las que no la tienen y donde las ilusiones de que el Estado pueda hacer algo que no sea controlar y reprimir se mezclan con una experiencia real y cotidiana que dice lo contrario.

En todas las ocupaciones en las que he estado a lo largo de quince años, las primeras asambleas tenían muchas funciones y, entre ellas, estaba la de definir y votar las normas de convivencia. Esta comunidad efímera, autoconvocada y unificada por necesidad ha de reconocerse, legitimarse, definir los límites que hay que respetar en nombre del equilibrio comunitario y determinar qué hacer cuando se traspasen esos límites.

Algo que solía ocurrir era que votábamos que la agresión física a mujeres e infancias debía ser castigada con la expulsión. Era un mensaje colectivo a todos los hombres del campamento, aunque en la práctica todo estuviera mediatizado por otras presiones. Escuchar a las mujeres víctimas nos llevó, algunas veces, a romper con lo acordado previamente, a hacer pública la petición de la mujer de que su pareja se quedara y, en casos concretos, a escucharle también a él en asamblea, para que se comprometiera a cambiar delante de toda la comunidad. Muchas veces esto funcionó, otras tantas no.

---

93 Taller *Investigación feminista. Metodologías y prácticas de experimentación*, 30 y 31 de marzo de 2023, KJCC, New York University.

94 Puede verse la mesa completa en el canal de YouTube del KJCC: https://www.youtube.com/watch?v=faRdebL_1-8

¿Qué hacer en una situación en la que la autodefensa comunitaria está plagada de asimetrías de poder y fuerza? ¿Qué hacer cuando el agresor es, por ejemplo, un narcotraficante? Estas preguntas nos llevaron a organizarnos aún más, a celebrar asambleas de mujeres para decidir cómo denunciaríamos determinadas cosas frente a la asamblea general. También nos llevaron a buscar alianzas con hombres militantes que nos apoyaran sinceramente y que estuvieran dispuestos a mantener conversaciones que convencieran a los demás a aceptar las decisiones sin contraatacar. Nos llevaron incluso a estudiar y a conocer los códigos éticos entre bandas y a veces a recurrir a ellas para intentar blindar la decisión colectiva. Es complejo y bastante precario, pero, sin el Estado como ejecutor de la justicia, había que inventar posibilidades. Ninguna de ellas estaba exenta de fallos.

Expulsar a alguien puede ser una reproducción de las muchas exclusiones que ya ha sufrido en el camino hacia el acto violento. O puede significar preservar su vida frente al linchamiento que parece probable. En otras ocasiones, recurrimos al trabajo comunitario y pedimos a la persona que realizase tareas de apoyo a labores colectivas desarrolladas mayoritariamente por mujeres en las cocinas y en la limpieza de las ocupaciones. También echamos mano de procesos de formación obligatoria y otras herramientas, todas ellas limitadas y nunca exentas de errores. Estos procesos fueron posibles porque éramos una comunidad organizada en el momento de los hechos y solo duraron mientras se mantuvo la organización. Estos procesos nos han enseñado mucho a todos los que hemos participado en ellos, porque hemos vuelto a tomar en nuestras manos, aunque fuese temporalmente, la responsabilidad de pensar y hacer justicia.

***

Desde 2018, trabajo más intensamente en la organización de mujeres de periferia y favelas que en ocupaciones. Puedo decir que el cotilleo sigue siendo un mecanismo de comunicación esencial que informa a una red de mujeres, que trabajan en todo tipo de colectividades, sobre quién es y quién no es un agresor, un violador y una persona violenta. Esta información hace posible que otras mujeres tomen conciencia y estén un poco más atentas; también permite que el agresor se dé cuenta de algunas de las consecuencias de sus actos cuando deja de ser bienvenido en determinados espacios y círculos de amistad, cuando deja de recibir ayuda para conseguir trabajo apoyándose en referencias de mujeres y cuando su conducta es cuestionada por la comunidad.

Cuando empecé en 2018, era mucho más difícil que hoy plantear que tratáramos de resolver los problemas por nosotras mismas. Creo que la prueba y el error, los experimentos que hemos hecho, han ayudado a mostrarnos algo que es difícil de entender solo con el pensamiento, sobre todo porque el sistema limita nuestra imaginación.

Recuerdo el primer caso de agresión que tratamos como colectivo de mujeres de la favela. Llegó a nuestro conocimiento que una joven mujer negra (a la que yo conocía bien) había dado a luz sola, en un hospital, porque huía de su agresor, que siguió agre-diéndola incluso durante el embarazo. Pusimos en marcha, de manera urgente, una campaña de colecta entre nosotras y conseguimos una cuna, ropa, comida y dinero para dárselos. Yo fui la encargada de ir a buscarla y hablar con ella, ya que la noticia llegó a través de una conocida mía que se la encontró en el hospital por casualidad. Tras escucharla, propusimos denunciar la situación a los grupos en los que partici-paba el agresor, implicándolos en tanto que cómplices de las agresiones. Ya fuera por miedo al qué dirán o por otras presiones, los hombres de estos grupos hablaron con el agresor y le coaccionaron para que se marchara del todo. Sintiéndose aún insegura, su pareja decidió mudarse temporalmente de casa y nosotras la apoyamos todo lo que pudimos para que tuviera las condiciones mínimas para volver a salir adelante. Él era un hombre negro, también conocido nuestro, de una familia conocida nuestra y con la historia de todo hombre negro de las favelas, que es la de ser el blanco de la violencia del Estado.

En este caso, primero llevamos a cabo pequeñas medidas de reparación para que ella estuviera en mejores condiciones de participar en la definición de lo que quería hacer con respecto a toda la violencia que había sufrido. En segundo lugar, ella participó activa-mente en estas decisiones. En tercer lugar, como era un hombre muy violento, nosotras implicamos a los hombres de las comunidades/colectividades a las que pertenecía. Ella no quería involucrar a la policía ni a la justicia blanca, porque era una mujer racializada; esta es una postura que se repite entre las mujeres negras, indígenas o afroindígenas, que es la de no confiar en el Estado. En sus decisiones también influyó el hecho de que era el padre de su hija. Esto no es un modelo —ningún modelo funcionaría, porque los modelos no son capaces de abarcar la realidad particular de cada situación de violen-cia—, pero sí revela algunas de las formas en que nuestra autoorganización nos permite experimentar con procesos de autodefensa como forma de producir justicia desde den-tro de nuestros movimientos.

***

Recuerdo el segundo caso. Una compañera, conocida nuestra del barro, fue agredida por su novio, trabajador de educación en el mismo colegio que ella. La noticia nos llegó por el grupo de *whatsapp* el día antes de nuestra asamblea mensual. Ella quiso for-malizar una denuncia y una de nosotras la acompañó, tanto a comisaría como al perito médico. En la reunión definimos las acciones que llevaríamos a cabo: redactamos un manifiesto denunciando la situación general de violencia contra las mujeres en nuestro territorio y se difundió en los medios de comunicación locales donde tenemos compa-ñeras activas. Redactamos otra carta colectiva que enviamos a la escuela pública en cuestión y al supervisor regional de educación, con el objetivo de implicar públicamente a las instituciones en la reorganización de su trabajo para protegerla y responsabilizarse de cualquier cosa que pudiera ocurrirle en el lugar de trabajo. Ella solicitó la ayuda de una abogada en el proceso de denuncia y la conseguimos a través de redes de solidaridad entre mujeres, redes que se comunican entre sí.

En este caso, nuestra compañera tenía mejores condiciones de vida, no estaba presionada por la incertidumbre con respecto a la comida o el próximo alquiler y era una mujer blanca. En primer lugar, llevamos a cabo las pocas medidas de reparación que estaban a nuestro alcance, acompañándola en todo y aceptando su dolor por la violencia que había sufrido. No estaba sola y esto se tradujo en acción. En segundo lugar, ella participó activamente en las decisiones que estaban en nuestras manos, las de la justicia comunitaria. Hasta la fecha, la justicia estatal no ha tomado ninguna medida, pero las acciones que hemos llevado a cabo en la comunidad han tenido un impacto. Hicimos correr la voz de que iríamos en grupo, llevando palos, a plantarnos delante de la escuela y a buscarlo si algo le ocurriese a ella. Esto también parece haber surtido efecto. El agresor pidió que lo trasladaran de la escuela donde trabajaba.

He tratado casos de abusos sexuales, sobre todo en las ocupaciones, y siempre fueron seguidos de decisiones comunitarias de expulsión. Los agresores solían cambiar de barrio tras difundirse la noticia y eran conscientes del riesgo para sus vidas. Como he insistido varias veces, ninguno de estos casos está libre de contradicciones y errores, pero había que pensar en la contradicción, analizarla, sopesar la posible coherencia y actuar, llevando las discusiones sobre justicia e injusticia a un terreno en el que teníamos algún control.

Cuanto mayor sea la autoorganización entre las mujeres, mayor será la capacidad de pensar colectivamente sobre la justicia que queremos, necesitamos y somos capaces de producir. Cuanto mayor sea la autoorganización de las mujeres, mayor será la capacidad de intervenir con cierto éxito en los colectivos comunitarios mixtos de los que formamos parte, ya sean otros movimientos sociales, espacios de trabajo o estudio. Cuanto mayor sea la autoorganización entre mujeres racializadas, mayor será nuestra capacidad de reconectar con tecnologías ancestrales y precoloniales de producción comunitaria de justicia a las que podamos recurrir para conformar una caja de herramientas más amplia y unos procedimientos útiles.

* * *

Los casos que comento aquí no son más que ejemplos que expresan la pequeña escala en la que operamos y sus límites, que, lo reconocemos, son elementos muy relevantes para este debate. Pero la discusión sobre lo que serían postulados aplicados a gran escala me lleva a otros temas. En Brasil, el salario medio de un juez en 2022 era de más de 42.000 reales, más de 8.000 dólares,[95] mientras que los acusados que estos

---

95 «Com salarios de até 914 mil, metade dos juizes do Brasil ganha mais que os ministros do STF», en *Exame.*, 23 de julio de 2023, disponible en https://exame.com/brasil/com-salarios-de-ate-r-914-mil-metade-dos-juizes-do-brasil-ganha-mais-que-os-ministros-do-stf/

magistrados juzgan por delitos son en su mayoría personas negras, jóvenes de hasta veintinueve años con niveles educativos bajos. Entre ellos, solo el 13 % ha cometido delitos contra otra persona y el 4 % contra la dignidad sexual. La mayoría está en prisión por delitos contra la propiedad y por drogas.[96] Este es también el perfil de las dieciocho personas asesinadas diariamente por la policía brasileña en 2022.[97] De estos datos se desprende que el salto de escala tiene muchos límites.

Sin embargo, reconocer los límites no nos inmoviliza en la producción de autodefensa comunitaria y de algo de justicia, porque en este ámbito somos parte de lo que podemos construir y evolucionamos a partir de las experiencias que alimentamos con nuestras manos, al igual que nuestras comunidades. Son procesos de recuperación de nuestro pasado saqueado, de epistemologías no occidentales y de la posibilidad de experimentar el ejercicio autónomo de algún poder sobre nuestras vidas.

---

96 Carla Mereles (2017): «Perfil da populacao carceraria brasileira», en *Politize!*, 1 de marzo, cisponible en https://www.politize.com.br/populacao-carceraria-brasileira/

97 Dennis Pacheco y David Marques (2023): «A heterogeneidade territorial da letalidade policial no Brasil», en *Fonte Segura. Anuário Brasileiro de Segurança Pública 2023*, núm. 193, 26 de julio, disponible en https://fontesegura.forumseguranca.org.br/a-heterogeneidade-territorial-da-letalidade-policial-no-brasil/

Autoras
Valentina Huelga
Lucía Cavallero
Tatiane da Silva Santos y Coletivo Território em Justiça Social (Camila Belinaso, Fernanda Martins, Jessica de Jesus Mota, Jéssica Volino Berwig Cruz, Karina Fernandes, Natália Otto, Renata Guadagnin y Yasmin Cordeiro do Nascimento)
Mujeres de Frente y nodo Quito La Laboratoria
Susana Draper y Molly Porzig (Critical Resistance / Resistencia Crítica)
Helena Silvestre
La Laboratoria Internacional

Ilustraciones
Vane Julián
La imagen de la portada ha sido cedida por *Pikara Magazine*

Edición y acompañamiento
La Laboratoria, nodos Madrid, Buenos Aires, Porto Alegre, São Paulo, Quito y Nueva York

Corrección
Javier Olmos Sanz

Traducción
María Francisca Roncero y Raúl Sánchez Cedillo

Maquetación
Taller de Traficantes de Sueños

Impreso en Madrid, septiembre de 2024
ISBN: 978-84-19833-28-0
Depósito Legal:

El proceso de investigación y escritura de este cuaderno ha sido financiado por el Museo Reina Sofía y por la Foundation for Arts Initiatives

Esta publicación refleja solo la opinión de las autoras